Heiko Ernst

Weitergeben – Weiterleben

HERDER spektrum

Band 6104

Das Buch

Was von uns bleiben sollte, wenn wir gehen ...
Spätestens in den mittleren Jahren stellen wir uns Fragen wie:
Welche Spuren will ich hinterlassen? Was ist der Sinn meines Lebens? Wie verbinde ich es mit der Zukunft der Nachgeborenen?
Wie soll man sich an mich erinnern?
Der Wunsch, etwas Bleibendes zu schaffen und dadurch im Gedächtnis anderer zu überleben, bestimmt das Denken und Handeln vieler Menschen im fortgeschrittenen Alter. Heiko Ernst zeigt, wie man diesen Wunsch in die Tat umsetzen kann: durch Generativität. Sie ist Fürsorge für künftige Generationen und der Beitrag jedes Einzelnen zur Erhaltung einer lebensfreundlichen Welt.

Der Autor

Heiko Ernst, geb. 1948, Diplompsychologe, seit 1979 Chefredakteur der Zeitschrift „Psychologie Heute". 1983 bis 1992 Aufbau und Leitung eines Sachbuchprogramms im Beltz-Verlag. Seit 2002 Radiokolumne „Alles rund um das im Kopf" (RBB). Zahlreiche Buchveröffentlichungen.

Heiko Ernst

Weitergeben – Weiterleben

Was man von mir erzählen wird

FREIBURG · BASEL · WIEN

*Für Ursula und Karolina,
die beiden generativsten Menschen,
die ich kenne*

Titel der Originalausgabe: Weiterleben!
Anstiftung zum generativen Leben
© 2008 by Hoffmann und Campe Verlag, Hamburg
© Verlag Herder GmbH, Freiburg im Breisgau 2010
Alle Rechte vorbehalten
www.herder.de

Umschlaggestaltung und Konzeption:
R·M·E Eschlbeck / Hanel / Gober
Umschlagfoto: © Mauritius Images/Corbis

Satz: Rafaela Nimmesgern, Hamburg
Herstellung: fgb · freiburger graphische betriebe
www.fgb.de

Gedruckt auf umweltfreundlichem, chlorfrei gebleichtem Papier
Printed in Germany

ISBN 978-3-451-06104-2

Lange hab ich mich gesträubt,
Endlich gab ich nach,
Wenn der alte Mensch zerstäubt,
Wird der neue wach.

Denn so lang Du das nicht hast,
Dieses Stirb und werde!
Bist Du nur ein trüber Gast
Auf der dunklen Erde.

JOHANN WOLFGANG VON GOETHE,
WEST-ÖSTLICHER DIVAN

Inhalt

Prolog
Eine kurze Geschichte des Weiterlebens   9

1. Am Nachmittag des Lebens
Eine Generation kommt in die Jahre   15

2. Verantwortung für das Kommende
Die Entdeckung der Generativität   39

3. In der Mitte des Lebens
Wie Erwachsene sind und wie sie sein sollten   97

4. Nicht von dieser Welt
Die Arbeit an der Unsterblichkeit   137

5. Nach uns die Zukunft
Auf der Suche nach einer generativen Ethik   193

Literatur   251

Prolog
Eine kurze Geschichte des Weiterlebens

Am Anfang war das Bakterium. Die erste Spur von Leben auf der Erde ist vier Milliarden Jahre alt, stabförmige Einzeller, die man in grönländischem Gestein fand. Einige dieser uralten Bakterienarten haben bis heute überlebt, sie sind sogar noch in unseren Körpern zu finden und erfüllen dort überlebenswichtige Funktionen.

Vor zwei Milliarden Jahren entstanden aus Bakterien neue Lebensformen, Zellverbände, die sich nach einiger Zeit wieder zersetzten. Sie verschwanden jedoch nicht völlig, sondern hinterließen Spuren in den Kernen fortbestehender Zellen: genetische Information. Diese immer komplexer werdenden Lebensformen waren »Individuen«, die für eine begrenzte Zeit zu Trägern von Erbanlagen wurden, für deren Erhaltung sie auf Fortpflanzung angewiesen waren. Damit ist der Tod in die Biosphäre eingetreten, zusammen mit seinem Zwilling, dem Sex. Weiterleben war für die neuen Arten nur durch Reproduktion möglich.

Ein Zyklus begann, in dem die Erbinformation durch Zeugung, Geburt, Brutpflege und Aufzucht weitergegeben wurde, und jeder Zyklus endet mit dem Tod der Elterngeneration. Der Impuls, sich durch Fortpflanzung zu verewigen, ist *generativ*: Ein männliches und ein weibliches Exemplar einer Tiergattung zeugen Nachkommen, die sie beschützen und ernähren. Dann, meist kurz nachdem ihre Reproduktionsfähigkeit erlischt, sterben die Eltern, ihre Gene leben weiter. Das ist eine der Erscheinungsformen *biologischer* Generativität. Solche höher entwickelten Tiere entstanden jedoch erst vor etwa fünfhundert Millionen Jahren. Im Urmeer schwammen zunächst nur winzige Wesen. Einige von ihnen krochen irgendwann an Land und wuchsen unter anderem zu Sauriern aus. Die starben vor fünfundsechzig Millionen Jahren durch eine kosmische Katastrophe aus, danach übernahmen vor allem Säugetiere die Erde.

Vor vier Millionen Jahren lebte unser erster Vorfahr, ein kleiner, affenähnlicher Hominide. Von ihm sind, neben Knochenresten, ganz besondere Spuren erhalten. Im Lehm eines Flussufers fanden Anthropologen die versteinerten Fußabdrücke eines größeren und eines deutlich kleineren Exemplars, die nebeneinander, miteinander gegangen sind. Dies ist der älteste Beleg für generatives Verhalten, für so etwas wie Fürsorge bei unseren frühesten Vorläufern: *elterliche* Generativität.

Homo erectus, ein Vorläufer des Homo sapiens, hat bereits vor siebenhunderttausend Jahren das Erfolgsgeheimnis dieses aufrecht gehenden Säugetiers entdeckt – indem er erste Versuche einer vorausschauenden Produktion unternahm: die serielle Herstellung von Steinäxten. Vorsprung durch Technik! Homo erectus hat sein erlerntes Werkwissen an seine Nachkommen weitergegeben und so eine neue, die *technische* Generativität begründet.

Vor zweihunderttausend Jahren tauchte Homo sapiens auf. Sein Überlebenserfolg beruhte auf vielen Faktoren: auf praktischer und sozialer Intelligenz, auf Sprache, Werkzeuggebrauch, Arbeitsteilung. Seine Entwicklung zum dominierenden Tier des Planeten gipfelte in der Erfindung von Schrift, Wissenschaft, schließlich in der Erkundung und zunehmenden Beherrschung innerer und äußerer Räume, durch Raumfahrt, Atomphysik, Entschlüsselung des Genoms. Homo sapiens passte sich optimal an die Biosphäre an, indem er sich eine neue, eine kulturelle Umwelt schuf, die sogenannte Noosphäre. Sie hat ihre eigene Evolutionsgeschichte, die weitgehend unabhängig von der der Biosphäre verläuft. Die neue Noosphäre beschleunigte den Evolutionserfolg des Menschen auf dramatische Weise. In der neuen, menschengemachten Umwelt spielt die Weitergabe von Informationen, Erfahrungen und Ideen – der in Anlehnung an die Gene so genannten Meme – eine immer wichtigere Rolle. Die Fortpflanzung der Gene ist in einer Kultur nicht mehr die einzige Form des Weiterlebens.

In der kulturellen Sphäre entstanden Gedankengebäude und Institutionen, die der Vermehrung und Überlieferung von Wissen dienen, die aber auch um die Regeln und Geheimnisse des Daseins kreisen: um Wahrheit und Gerechtigkeit, um Sinn und Transzendenz. Die vielfältigen ideellen Systeme ermöglichen es dem Menschen, sich mit der Endlichkeit seines biologischen Seins auseinanderzusetzen und die Angst vor dem individuellen Tod in Schach zu halten. Denn der Mensch ist das einzige Tier, das sich der eigenen Sterblichkeit bewusst ist. Der Philosoph und

Begründer der Systemtheorie, Ludwig von Bertalanffy, schrieb: »Mühevoll ringt sich das Leben zu immer höheren Stufen empor, für jeden Schritt zugleich zahlend. Es wird vom Einzeller zum Vielzeller und setzt damit den Tod in die Welt ... Es erfindet ein hochentwickeltes Nervensystem und damit zugleich den Schmerz. Es setzt den urtümlichen Teilen dieses Nervensystems ein Hirn auf, das durch seine Symbolwelt Voraussicht und Beherrschung der Zukunft gewährt, und muss dafür die dem Tier fehlende Angst vor dem Kommenden eintauschen ... Der Sinn dieses Schauspiels ist uns nicht bekannt.«

Der früheste kulturelle Modus der Bearbeitung dieser existenziellen Beunruhigung ist die Religion. Religionen sind der Versuch, neben Naturverständnis und Naturbeherrschung, neben Gruppenbindung und Ethik auch Antworten auf die Frage nach dem Tod zu finden: Was wird den Zerfall des Körpers überdauern? Gibt es eine unsterbliche Seele? Und welche Rolle spielt die Spezies Mensch überhaupt in dem anscheinend blinden, planlosen, dem Zufall unterworfenen Prozess namens Evolution?

Die Philosophie hat von der Religion die großen Seinsfragen geerbt: Warum ist überhaupt etwas und nicht nichts? Warum sind wir hier? Was kommt danach? Die bis heute einflussreichste Antwort stammt von Platon. Er formulierte den Dualismus zwischen der realen Welt und einer Welt der reinen Ideen. Die Idee der »Idee« als einer Kopfgeburt taucht bei ihm zuerst auf: Etwas von uns Gedachtes oder Erdachtes bleibt, es hinterlässt Spuren und überlebt uns, vor allem deshalb, weil es von anderen Menschen aufgenommen, verinnerlicht und weitergedacht werden kann. Ideen schaffen sich ihren Niederschlag in Wort und Schrift, in Erfindungen und Kunstwerken, in Gebäuden und Institutionen – und wirken so weit in die Zukunft hinein. Ideen sind das unzerstörbare Prinzip des Seins. Wir können also unsterblich sein, auf die eine oder andere Art.

1. Am Nachmittag des Lebens
Eine Generation
kommt in die Jahre

Das mittlere Erwachsenenalter des Menschen gilt als der lange Nachmittag des Lebens. Welches Bild taugt besser, um die Phase etwa zwischen dem vierzigsten und dem fünfundsechzigsten Lebensjahr zu charakterisieren? Sie erscheint als eine Zeit der relativen Ruhe, traditionell auch als die Zeit der »Reife« und folglich der »Ernte« und des Genießens der Früchte. In der Vorstellungswelt vieler Menschen gleicht die Lebensmitte einem Gipfel, auf dem man eine Weile verschnauft und den Blick genießt. Andere sehen sich eher auf einem unübersichtlichen Hochplateau, auf dem der Weg sich verliert und man leicht in die Irre gehen kann. Irgendwie »oben« fühlen wir uns im mittleren Alter auf jeden Fall. Aber was genau machen wir eigentlich dort oben, und wann beginnt der Abstieg?

Die Wahl der Metaphern verrät, wie wir das bewerten, wofür sie stehen. Die Bilder für das mittlere Alter sind in vielen Kulturen den Jahres- oder Tageszeiten oder der Geografie entlehnt, und sie sind meist so vage, dass sie viel Spielraum für Fantasien und Selbsttäuschungen lassen. Gern wird das menschliche Leben mit einer Reise oder einer beschwerlichen Wanderung verglichen, aber auch mit einem langen, manchmal ruhigen, manchmal turbulenten Fluss. Selbst modernere Bilder lassen sich auf das mittlere Erwachsenenalter anwenden: Verehrte Fluggäste, wir haben soeben unsere Flughöhe verlassen und befinden uns bereits im Landeanflug ...

Das menschliche Mittelalter hat unscharfe Konturen. Anders als Kindheit, Jugend oder hohes Alter sind die mittleren Jahre bis vor Kurzem ein erstaunlich wenig beachteter und erforschter Abschnitt der Lebensspanne gewesen. Zwar ist gelegentlich noch von der »Krise der Lebensmitte« die Rede, aber was verbirgt sich wirklich hinter diesem Mythos? In diesem Buch geht es um die kaum kartografierte Seelenlandschaft der mittleren Jahre. Es untersucht die Fragen: Wodurch unterscheidet sich diese irrtümlich als ereignisarm und undramatisch angesehene Lebensphase von den anderen Stadien der menschlichen Entwicklung? Gibt es überhaupt noch eine nennenswerte Entwicklung im reiferen Erwachsenenalter, und wenn ja – wie sieht sie aus? Oder sind allmähliche Stagnation und vielleicht sogar ein resignativer Realismus das Merkmal der mittleren Jahre? Was bestimmt das Lebensgefühl des fünften, sechsten und siebten Lebensjahrzehnts? Gibt es typische psychische Merkmale und besondere Aufgaben? Und was bedeutet heute überhaupt »erwachsen sein«?

Der Konsens darüber, was in unseren westlichen Kulturen als erwachsen gelten kann oder soll, ist seit den siebziger Jahren des letzten Jahrhunderts zerbrochen. Zwar sind die Symbole des Erwachsenseins häufig noch dieselben wie in früheren Generationen: ein Habitus, der vom »Ernst des Lebens« und seinen Insignien geprägt wird, von Führerschein und Wahlrecht, Beruf und eigenem Bankkonto, fester Bindung und Familiengründung. Aber, hier stocke ich schon: Was »Bindung« und »Beruf« betrifft, ist die Jahrhunderte währende Kontinuität abgerissen. Liebe und Arbeit, diese beiden tragenden Säulen des traditionellen Erwachsenenlebens, scheinen zu zerbröseln. Berufswege und Beziehungen haben sich unter dem Druck der gesellschaftlichen Verhältnisse erheblich verändert. Die Erwartungen, Verhaltensnormen und Rollen in diesen beiden und in vielen anderen Lebensbereichen werden heute wesentlich anders definiert als noch vor zwei oder drei Generationen.

Hinzu kommen geradezu seismische Verschiebungen in der demografischen Landschaft: Die heute Erwachsenen haben eine durchschnittliche Lebenserwartung, die mindestens ein Jahrzehnt über der bereits recht hohen ihrer Eltern liegt. Die Aussicht auf ein deutlich längeres, ein ausgedehntes »drittes Leben« verändert die Einstellungen und die Lebenspraxis in der Gegenwart. Wenn die Jahre nach dem Berufsleben nicht mehr nur ein Anhängsel sind, eine gnädig gewährte Zugabe bis zum Erlöschen, dann wollen die Menschen schon deshalb »bewusster« älter werden, um diese gewonnene Zeit mit Sinn zu füllen. Ganz zu schweigen von der nötigen Vorsorge in materieller und gesundheitlicher Hinsicht, die man in den mittleren Jahren leisten muss.

Zwischen Jugendlichkeitswahn
und Altersphobie

In Deutschland sind die geburtenstarken Nachkriegsjahrgänge, die sogenannten *Babyboomer*, in die Zielgerade ihres Lebenslaufes eingebogen. Diese Generation, die keinem über dreißig trauen wollte, ist nun selbst in ihren »besten Jahren«. Die Frage ist erlaubt: Traut sie sich denn nun selbst? Was hat sie von ihren jugendlichen Idealen und Zielen in das Erwachsenenleben hinübergerettet, und wie wirkt sich das beispielsweise auf ihr Verhältnis zu den eigenen Kindern aus? Die erste Nachkriegsgeneration macht sich berechtigte Hoffnungen, die eigene Verrentung um dreißig Jahre und mehr zu überleben.

Die Jahrgänge zwischen 1946 und 1964 gelten unter Soziologen als die erste »postmaterielle« Generation: Aufgewachsen im erblühenden Wohlstand der Nachkriegsjahre, blieb sie frei von größeren existenziellen Sorgen und somit auch frei, neue Lebensstile und Ideen zu erproben und neue Werte zu propagieren und zu leben. Um diese Freiheiten zu nutzen, war ein bewusster und mitunter dramatisch inszenierter Bruch mit der Elterngeneration notwendig. Jedenfalls fiel dieser Bruch in Deutschland heftiger aus als frühere und eher rituell vollzogene Brüche zwischen den Generationen. Der mitunter manisch-gewalttätige Rigorismus, mit dem viele Babyboomer das Band zwischen sich und der Elterngeneration durchtrennt haben, und ihre erklärte Absicht, die bürgerliche Familie zu zerschlagen, seien ein Ausdruck tiefer eigener Verunsicherung, ja Schuld gewesen, urteilt der

Psychoanalytiker Reimut Reiche. Es war der Versuch, die familiären Prägungen, die historisch schwer belastete Herkunft abzuwerfen und sich – quasi als antiautoritärer Gegenentwurf zu den eigenen Eltern – neu zu erschaffen.

Dieser Versuch war nicht frei von narzisstischer Selbstüberschätzung, und die psychische Prämie der Befreiung sollte in Form grenzenloser Selbstverwirklichung eingestrichen werden. Das gesellschaftliche Nachbeben dieser kulturrevolutionären Bewegung reicht bis in die Gegenwart. Sie prägt das Leben der heute Erwachsenen in einem noch weitgehend unbegriffenen Maße: Keine Generation hat später geheiratet oder überhaupt feste Bindungen gesucht, keine hat ihre Kinder in einem höheren Alter bekommen, keine hat sich häufiger scheiden lassen.

Der Generationenbruch nahm in Deutschland die Gestalt einer politisch-ideologischen Abrechnung mit den Eltern an, die in der Nazizeit Schuld auf sich geladen und diese nach dem Krieg größtenteils auch noch verleugnet hatten, Eltern, die eine überkommene rigide Moral und einen besinnungslosen Materialismus verkörperten. Diese Abrechnung war im Kern ein innerfamiliärer Konflikt, ausgetragen zwischen sprachlosen, autoritär geprägten Vätern und Müttern und tief enttäuschten Kindern. Die jugendlichen Rebellen haben sich nicht nur, wie die zornigen jungen Rebellen vieler Epochen, gegen Autorität und Bevormundung aufgelehnt. Sie sind in ihrer ebenfalls jugendtypischen Sehnsucht nach Identifikation mit den Eltern (und überhaupt mit der älteren Generation als den Vertretern der eigenen Kultur) besonders frustriert worden.

Weder grateful *noch* dead

Nun sind diese Kinder selbst in ihren mittleren Jahren. Und wie noch jede Generation sieht sich auch diese damit konfrontiert, die eigene Vergänglichkeit und das allmähliche Absinken in die relative Bedeutungslosigkeit zu ertragen. Noch ungläubig starrt die erste Nachkriegsgeneration auf die sichtbaren Zeichen ihres Alterns. Der Tod ist zwar noch kein ständiges Thema, es bleibt ja, statistisch gesehen, noch viel Zeit. Aber was anfangen mit den gewonnenen Jahren? Wie bereitet man sich auf das »dritte Alter« vor? Wie lebt man es? Die Erwachsenenjahre werden heute in hohem Maße beherrscht von der Sorge um das körperliche und geistige Fitbleiben und von der Vor-Sorge um die finanzielle Absicherung und vielleicht nötige Pflege im Alter. So wichtig und vernünftig das alles ist, die eigentliche Frage bleibt dabei unbeantwortet: Worin liegt die wahre Aufgabe der Lebensmitte, und *worin liegt der Sinn des langen Lebens?*

Auffällig ist die Hoffnung der heute Mittelalten, viel später und anders zu altern als ihre eigenen Eltern: »Die Sechziger sind die neuen Vierziger« heißt einer der Sprüche, mit dem dieses Ziel beschworen wird. Trotzdem – oder gerade deshalb – behält auch für die Babyboomer das Alter seinen Schrecken. Zu tief sitzt die Furcht vor körperlichem und geistigem Verfall, und zu präsent ist das Beispiel der heutigen »Senioren« aus der Kriegsgeneration. Und so erscheint das eigene Altern wie die bekannte Kippfigur, die mal die groteske Fratze einer Greisin, mal das schöne Gesicht einer jungen Frau zeigt. Oscar Wilde schrieb: »Die Tragik des Alters ist nicht, dass man alt ist, sondern dass man jung war.«

Die Babyboomer sind hin- und hergerissen zwischen Furcht und Hoffnung: Ihr eigenes Altern lässt sich vielleicht zum »nächsten großen Ding« stilisieren, als das einzigartige Abenteuer einer »goldenen Generation«. Gut informiert und relativ stabil abgesichert, könnten sie das Beste aus dem Alter machen. Sie können das Beste für sich auch politisch oder kulturell durchsetzen, weil sie demografisch schon in nächster Zukunft die Mehrheit stellen werden. Der amerikanische Zeitgeistbeobachter Theodore Roszak traut den Babyboomern sogar zu, eine »Altersrevolution« zu inszenieren, denn sie verfügten ja über ausreichende organisatorische Erfahrungen im politischen Protest und könnten auf die bewährten Methoden ihrer früheren Lebensstilrebellionen zurückgreifen, etwa aus der Studenten-, Frauen-, Friedens- oder Ökologiebewegung.

Auf keinen Fall scheinen sich die Babyboomer einfach in ihr Schicksal fügen und so ganz ohne Weiteres abtreten zu wollen. Dafür haben sie zu gut gelernt, wie man sich mit sich selbst beschäftigt. Zeit ihres Lebens haben sie das eigene Sein und Werden reflektiert und zum medialen Dauerthema gemacht. Nabelschau und Selbstbespiegelung sind ein durchgängiger Habitus dieser Generation. Also muss auch das unerhörte, einmalige Erlebnis des eigenen Alters ausgiebig bearbeitet, beschrieben und besprochen werden.

Auch andere Generationen davor haben das dringende Bedürfnis gehabt, die eigene Lebensspanne in einen größeren Kontext zu bringen, eine Überschrift für die eigene Epoche zu finden und die »Jahre, die sie kennen«, einzuordnen. Auch frühere Generationen haben ihre Erfahrungen in Belletristik, Biografien, Sachbuch oder Filmen verarbeitet und wollten die eigenen Leistungen oder Hinterlassenschaften bewertet sehen. Aber die Babyboomer sind dabei, das auf eine neue Spitze zu treiben. Sie haben ein ganz besonderes Verhältnis zum eigenen Erwachsen- und Altwerden.

»Forever Young« hieß ein Song der Gruppe Alphaville in den achtziger Jahren, er wurde zur Chiffre für ein Lebensgefühl. In den westlichen Industrieländern inszenieren die Babyboomer ihr Altern und ihren unvermeidlichen Abgang von der Bühne besonders dramatisch. »Baby Boomers Want Less Pain and More Grace before that Good Night« – so lautete der Titel eines Berichts in der *New York Times*. Eine Vielzahl wissenschaftlicher Projekte soll die bevorstehende »End-of-Life-Erfahrung« dieser Generation begleiten. Denn diese Erfahrung, wenn sie denn gemacht werden muss, soll wenigstens einen hohen Erlebniswert besitzen, und das erklärte Ziel ist, möglichst schmerzlos und in Würde älter zu werden. Eine wissenschaftsgläubige Generation hat hohe Erwartungen. So setzt sie in ihren mittleren Jahren und an der Schwelle zum Altwerden ihre Hoffnung etwa in die Erforschung der sogenannten Telomerase: Das sind die Zellprozesse, die das Altern regulieren und es also möglicherweise auch verlangsamen könnten. *Babyboomer an Wissenschaft: Forscht schneller!*

Die Generation der Alterslosen

Trotz aller forcierten und beschworenen Jugendlichkeit wird die Angst erkennbar, dem eigenen Ende ins Auge sehen zu müssen, ohne diese letzte Kränkung wirklich schon akzeptieren zu können. Diese Angst muss umso mehr betäubt oder überspielt werden, als diese Generation offenbar noch kein Skript, noch keine Strategie für einen stilvollen Abgang in Würde zu haben scheint. Noch hängen allzu viele aufs Peinlichste der eigenen Jugend nach und pflegen ihre Riten. Es gibt nicht wenige Fünfzigjährige, die seit ihren Jugendtagen außer Jeans noch keine anderen Hosen getragen haben. Dieses Kleidungsstück ist vielleicht das deutlichste Symbol für die Jugendlichkeitsillusion, neben der Musik, die viele Babyboomer in ihre Dämmerung begleiten wird, nostalgietrunken beim betreuten Rocken mit Mick Jagger. Die großen Motorradhersteller Harley-Davidson und BMW geben an, dass das Durchschnittsalter der Käufer ihrer schweren Maschinen in den letzten Jahren deutlich angestiegen ist und inzwischen bei sechzig liegt ...

Droht eine Gesellschaft, die von psychischen Dorian Grays und Peter Pans bevölkert ist oder von Hobbits, denen die Unsterblichkeit gegeben wurde, die aber damit nichts anzufangen wissen? Der Traum von der ewigen Jugend könnte albtraumhafte Züge annehmen: Starben die Menschen in früheren Epochen häufig »vor ihrer Zeit«, so könnte man in Zukunft immer häufiger auf Menschen treffen, die sich sozusagen selbst überlebt haben, weit über »ihre Zeit« hinaus.

Immerhin scheint allmählich ein Bewusstseinswandel einzusetzen, wenn man den Indizien aus Marketing und Werbung glauben kann. Im Frühjahr 2007 zeigte die Kosmetikmarke Dove in ihren Anzeigen nackt und selbstbewusst posierende Frauen um die fünfzig. Es scheint, als ob der Markt beim Buhlen um die grau werdenden Konsumenten etwas erzwingt, das früheren Generationen versagt geblieben war: massenwirksame Aufmerksamkeit für das Herannahen des Alters. Eine Ästhetisierung des Unvermeidlichen findet statt. Derart veredelt kann das »schöne Altern« leichter akzeptiert werden. Aber noch ist das die Ausnahme, ein ungewohntes und deshalb aufsehenerregendes Statement einer Generation zum Thema Älterwerden.

Doch nicht nur das sichtbare körperliche Altern wird die Babyboomer nicht verschonen. Auch andere Erfahrungen und Etappen der Lebensreise bleiben ihnen nicht erspart. Im reifen Erwachsenenalter tauchen bei jedem Menschen nahezu unvermeidlich Gefühle der *Stagnation* auf: Das Leben wird selbst von aktiven, erfolgreichen und zufriedenen Menschen plötzlich als ziellose Routine, als leere Geschäftigkeit, als schwerer werdendes Bündel von Pflichten empfunden. Die Enttäuschung über nicht erfüllte und nicht mehr erfüllbare Wünsche und Projekte sickert immer häufiger in das Denken ein. Langeweile, Verbitterung, Frustration drohen, weil wir in dunkleren Momenten glauben, »umsonst« gelebt zu haben und keine nennenswerten Spuren zu hinterlassen.

Solche Überlegungen führen meist zu einer übermäßigen Beschäftigung mit sich selbst. Die eigene Biografie wird zum Gegenstand philosophischer oder auch hedonistischer Betrachtungen: Was habe *ich* versäumt? Was kann ich *mir* noch Gutes tun? Wer aus dieser Denkschleife nicht herausfindet, endet schlimmstenfalls in einem senilen Narzissmus à la König Lear: Er treibt ungeheuren Aufwand um das eigene Selbst, das Denken erstarrt, und die verbleibende seelische Energie und Zeit werden – vergeblich – ins eigene Wohlbefinden investiert.

Die zeitgemäße Gestalt dieses Denkens ist der Kult um die »goldenen Jahre«, den ein Teil der jetzigen Rentnergeneration betreibt: Es ist das Schreckensbild auftrumpfender Senioren, die ihre Renten und Ersparnisse in endloser Freizeit verzehren. Den Gegenentwurf formulierte der fünfundsechzigjährige ehemalige Bremer Bürgermeister Henning Scherf in einem Interview mit dem Deutschlandradio: »Ich glaube, wir haben eine Chance, wie es sie für unsere Eltern und Großeltern und viele Generationen davor nie gab. Dass wir nämlich im Schnitt dreißig Jahre Leben vor uns haben, unter wunderbaren Bedingungen. Weil wir eine Rente haben, die uns ernährt, weil wir plötzlich Zeit haben, weil wir noch fit sind, weil wir uns noch interessieren können. Wir sind die klassische ehrenamtliche Basis dieser Gesellschaft. Wir sind nicht das Problem dieser Republik, sondern wir sind ihre Chance. Mit uns kann man eine Zivilgesellschaft entwickeln, die sich viele erträumen, die aber im Alltagskampf um ihr täglich Brot gar keine Zeit dafür haben. Doch wir haben die Zeit – und wir bieten uns dafür an.«

Der Unsterblichkeitskomplex

Das Motiv der Selbstperfektionierung und des Lebensgenusses in der »Prominenzphase« des Lebens, wie Niklas Luhmann das mittlere Erwachsenenalter nannte, führt, wenn es zum dominierenden Antrieb einer Generation wird, in die Ödnis eines sinnentleerten Alters. Es muss dringend ergänzt werden durch andere Ziele und Motive: »Wer um die fünfzig ist«, schreibt der Soziologe Heinz Bude bezogen auf die »Achtundsechziger«, »sieht sich mit der Erwartung konfrontiert, eine Art überpersönliches Interesse an der Erhaltung und Erneuerung der gesellschaftlichen Institutionen und kulturellen Werte zu zeigen. In der Konstellation der Generationen kommt es besonders der mittleren zu, die Autorität und den Charme der Gesellschaft zu verkörpern. Sie stellt das Leitbild dar, an dem sich die Jüngeren und Nachrückenden die spezielle Chancenstruktur der Gesellschaft vor Augen führen können.«

Der mitunter an Hysterie grenzende Kult ums »junge Älterwerden«, all das Joggen und Gehirntraining, die unablässige Beschwörung des jugendlichen Lebensstils, der möglichst lange erhalten werden soll – welche Angst steckt wohl hinter dieser manischen Betriebsamkeit der »neuen Alten«? In kaum einem anderen Land fürchtet sich die Bevölkerung so sehr vor dem demografischen Wandel wie in Deutschland. In düsteren Fernsehfilmen wie *Der Aufstand der Alten* (ZDF, 2007) wird eine grauenvolle Zukunft heraufbeschworen, verarmte, abgeschobene, ausgegrenzte Alte in einer zynischen Welt, die mit der Überalterung der Gesellschaft und dem Pflegenotstand nicht fertig wird und sogar vor Euthanasieprogrammen nicht zurückschreckt.

Millionen fitte, demonstrativ lebenslustige und genießende »Best Ager« der »Golden Generation« stürzen sich in den Konsum und in die Angebote der Erlebnisgesellschaft. Sie haben das Reisen und die Wellness als Waffen im Anti-Aging-Kampf entdeckt. Für den Körper gibt's Fitness, Fasten und Diäten, für die Seele Esoterik, Yoga und Buddhismus light.

»Die Menschen in Deutschland wünschen sich, dass sie ganz früh in Rente gehen und dann ganz lange eine ganz hohe Rente beziehen«, fasste Bernd Raffelhüschen, Direktor des Instituts für Finanzwissenschaft I an der Universität Freiburg, die Ergebnisse einer 2007 durchgeführten Umfrage der Gesellschaft für Konsumforschung bei noch aktiven Arbeitnehmern über ihre Erwartungen zu Ruhestand und Rente zusammen. Und er fährt fort: »Finanzierbar ist das nicht, jedenfalls nicht aus der Gemeinschaftskasse.« Ob alle Wünsche und Hoffnungen in Erfüllung gehen werden, ist also sehr fraglich. Trotzdem sind die Ansprüche immer noch sehr hoch: Die heute Erwerbstätigen wollen einer repräsentativen Umfrage zufolge nach der Pensionierung noch zehn Jahre lang »richtig genießen«. Sie wollen reisen, Sport treiben, ihren Interessen nachgehen. Erst dann, mit einundsiebzig bis fünfundsiebzig Jahren, rechnen sie damit, sich alt zu fühlen.

Hinter all der imponierenden Betriebsamkeit steht immer das eine. Mehr als jeder Generation zuvor geht es den heutigen Erwachsenen und vor allem den »Jungsenioren« darum, Zeit zu gewinnen und den Tod hinauszuschieben.

Die gewonnene Zeit muss gefüllt werden. Sie haben in diesem, dem vielleicht einzigen Leben noch so viel vor. Aber was? All das Genießen, Nachholen, Konsumieren, all die Selbstfindung und Sinnsuche sind im Grunde die Fortsetzung dessen, was uns heute auch schon in früheren Lebensstadien auferlegt wird – des *biografischen Gestaltungsdrucks*: Wir sind dazu aufgefordert, »das Beste aus dem Leben zu machen« und uns immer weiter, nämlich »lebenslang«, zu bilden, zu entwickeln und neu zu erfinden.

Und immer begleitet ein ungutes Gefühl, eine vage Hoffnung all unsere Bemühungen: Wann fängt das richtige Leben denn nun endlich an? Wann haben wir genug an uns gearbeitet? Es gibt in der Tat unendlich viele Möglichkeiten und Chancen, die wir nutzen wollen und sollen. Gerade die Gebildeten und Klugen erliegen diesem Druck besonders häufig, sie ertrinken im Meer der Optionen. Ganz so neu und »postmodern« ist diese Entwicklung zu einem Leben in existenzieller Vorläufigkeit nicht. Schon Robert Musil schilderte im *Mann ohne Eigenschaften* jene nie wirklich Erwachsenen, die »dem Beruf nachgehen, die nächste Generation zu sein«.

Der Sinn des Lebens?
Höchste Zeit, ihn zu finden!

Neben dem Abstiegsszenario, das ironischerweise gerade durch den krampfhaften Forever-young-Lifestyle anerkannt wird, existierte schon immer auch ein Aufstiegsszenario des Alterns, das Möglichkeiten eines Zugewinns an wesentlichen menschlichen Eigenschaften aufzeigt. Das verlängerte Leben mit seinen »Bonusdekaden« nach fünfzig sollte kein Selbstzweck, kein *windfall profit* der verbesserten Gesundheitsvorsorge und Medizintechnik sein. Die geschenkten Jahre könnten es uns ermöglichen, neue Qualitäten an uns und in uns zu entdecken, die nur mit dem Alter entdeckt und entwickelt werden können – wie Weisheit, Gelassenheit, Selbstdistanz. Und vor allem ist der Sinn der »besten Jahre« die unverändert nötige Fürsorge für die, die nach uns kommen.

Das ist die These dieses Buches: Im zweiten Lebensdrittel muss das dritte vorbereitet werden, und das nicht nur durch gesundheitliche und finanzielle Vorsorge. Die neue, wichtige, vielleicht die wichtigste aller Lebensaufgaben steht an: *Generativität.* Sie ist die Brücke zwischen dem eigenen Leben als Erwachsener und der letzten Lebensphase, dem Altern, vor allem aber zwischen den Generationen. Deshalb ist diese zentrale Lebensaufgabe alles andere als ein egozentrisches Projekt. Es geht für die Nachkriegsgeneration um nichts weniger als um die Frage, wie sie ihr Erwachsenenleben auffasst und gestaltet und wie sie sich ihrer eigenen Vergänglichkeit stellt.

Im mittleren Lebensalter vermischen sich bei den meisten Menschen die beiden großen Grundmotive des Lebens, die der Psychologe David Bakan mit den Begriffen *agency* und *communion* benennt. In der *agency* artikuliert sich der Wunsch nach Effektivität und Erfolg, sie umfasst das Streben und Leisten, den Drang zur Selbstverwirklichung und zu Selbstausdruck. Im reifen Erwachsenenalter verbindet sie sich immer häufiger mit dem *communion-*

Motiv, also dem Gemeinschaftsmotiv: etwas mit anderen für andere zu tun, das eigene Selbst in einem größeren Ganzen aufgehen zu lassen, eins zu werden mit Gruppen und deren Zielen. Die generative Synthese besteht darin, dass die »agierende« Selbstexpansion vermehrt anderen zugutekommt und man dafür respektiert und geliebt wird. Umgekehrt können eher gemeinschaftsorientierte Menschen durch mehr *agency*-Anteile effektiver und »nachhaltiger« wirken.

In unserem Leben oszillieren wir zu unterschiedlichen Zeiten und in unterschiedlicher Ausprägung zwischen zwei überlebensnotwendigen Strategien: *Kooperation* und *Konkurrenz*. In unterschiedlichen Mischungsverhältnissen sind sie in all den ausdifferenzierten Formen des Sozialverhaltens anzutreffen: Konkurrenz zeigt sich als Machen, als Schaffen, Kämpfen und Durchsetzen der eigenen Pläne. Die Kooperation beweist sich im Friedenstiften, Integrieren und Ratgeben, Erziehen und Pflegen. Der Persönlichkeitspsychologe Robert Hogan spricht von den beiden Grundmotiven »miteinander auskommen« *(getting along)* und »vorankommen« *(getting ahead)*. Beide Motive sind in jedem Menschen vorzufinden, auch wenn sie unterschiedlich stark ausgeprägt sind. Erst im Zusammenspiel individueller und kollektiver Motive entstehen die evolutionär bedeutsamen, und das heißt vor allem auch generativen Verhaltensweisen wie Partnersuche, Aufzucht der Kinder, Fürsorge und Erziehung, Umweltgestaltung und Zukunftssicherung.

Im reifen Erwachsenenalter müssen wir ein Bewusstsein für die geistige Fruchtbarkeit und den Sinn des eigenen Lebens entwickeln. Dieses Bewusstsein entsteht nicht von selbst, es ist in der Regel die Frucht innerer Konflikte und Zweifel. Gefühle der Leere, der Stagnation und der Sinnlosigkeit sind in der Lebensmitte geradezu entwicklungsnotwendig, Erschöpfung und Monotonie drohen das Leben zu dominieren. Die eigene Existenz erscheint mitunter beliebig. Hat man seine Talente und Begabungen verschwendet, seine Chancen und Potenziale nicht genutzt, seine Ideale und Werte verraten? Selbst wenn das eigene Leben bis dahin als gelungen betrachtet wird, füllen es nun beruflicher Erfolg und private Interessen nicht mehr aus. Neue oder verschüttete Bedürfnisse tauchen allmählich auf, etwa ein vages Verlangen nach Tiefe und Sinn.

Die nun immer häufiger einsetzende Selbstbefragung des Erwachsenen mündet in existenzielle Fragen: Wozu das alles? Was bleibt von mir? Offenbar wurde auch die Frage »Wer bin ich?« noch nicht ausreichend beantwortet, trotz erfolgreich bewältigter Identitätskrisen in früheren Lebensphasen. Es bleibt immer noch ein Rest, der nun erneut geklärt oder definiert werden muss. Die in der heutigen mittleren Generation so verbreitete Sehnsucht nach »Authentizität« und »Identität« ist im Kern ein Problem der *Generativität*: Was anfangen mit dem letzten Drittel des Lebens, was tun in der verbleibenden Zeit?

Die aufkeimenden natürlichen Wünsche und Sehnsüchte des mittleren Alters: zu sich kommen, sich allmählich zurückziehen aus Pflichten und Belastungen, Versäumtes nachholen – das sind legitime Wünsche im späteren Erwachsenenleben. Die entscheidende Zutat jedoch fehlt häufig: jenes Minimum an »lebendigem Beteiligtsein«. Nur das Engagement für das Leben anderer, vor allem für das der zukünftigen Generationen, schützt vor dem Abgleiten in Leere und Selbstzentrierung.

Was ist, zum Beispiel, aus dem früheren Anspruch der Babyboomer geworden, die Welt zu verbessern, aus ihr einen besseren Ort zu machen? Wie wird er eingelöst, jetzt, wo man die Macht, die Mittel und Möglichkeiten dazu hätte? Die politischen und kulturellen »Bewegungen« der sechziger und siebziger Jahre waren im Grunde jugendliche Weltverbesserungsprojekte. Was sie bewirkt haben und was nicht, darüber wird immer noch heftig gestritten. Viele der damaligen Weltverbesserer haben den langen Marsch durch die Institutionen angetreten, einige sind dabei kurzzeitig an den Hebeln der politischen Macht gelandet (»das rot-grüne Projekt«), andere sind in esoterische Zirkel, gewalttätige Politsekten oder alternative Lebensformen abgedriftet.

Der Impetus zur Weltverbesserung ist jedoch größtenteils unter dem Druck von Sachzwängen und des Realitätsprinzips zerbröselt. Übrig geblieben ist in dieser Generation bestenfalls pragmatischer Reformismus. Als Erwachsene glauben die Babyboomer kaum noch an die Machbarkeit von grundlegenden Veränderungen. Das »System« hat sich als erstaunlich robust und anpassungsfähig erwiesen, ja, man ist nun selbst Teil des Systems.

Weltverbesserung, zweiter Teil

Deshalb pflegen viele dieser Generation auch den Spott über die eigene Naivität und Blindheit »damals« und zelebrieren die kabarettistische Abrechnung mit ihrem Verrat an den Idealen. Zynische Verweise auf die eigenen Karrierewege, auf die vielen nötigen Kompromisse pflastern den Weg ins Altenteil. Gegenüber heutigen Ansprüchen auf Weltverbesserung – vor allem denen der Jungen – überwiegt die Haltung: Wenn *wir* es nicht geschafft haben, was wollt *ihr* denn dann erreichen? »Everybody knows the ship is sinking«, heißt es in einem Song von Leonard Cohen. Es wird nicht lange dauern, bevor aus der Resignation jene alterstypische Verzweiflung wird, die die letzte Lebensphase vergiften kann, wenn zuvor nicht die Arbeit der Generativität geleistet wurde.

Noch ist Zeit dazu. Aber der Begriff »Weltverbesserer« – und damit auch die dahinterstehende Absicht – wird immer noch spöttisch und abwertend gebraucht: Man belegt damit jemanden, der noch daran glaubt, etwas verändern zu können. Weltverbesserer, das sind in der abgeklärt-realistischen Wahrnehmung vieler Boomer nichts als Eiferer und Wichtigtuer, Musterschüler und Missionare, nervende Gutmenschen. Zu ihnen zählte man die vielen Mahner und Warner wie Erhard Eppler oder spät berufene »Unbequeme« wie Heiner Geißler oder Richard von Weizsäcker.

Ob das bittere Urteil des Politologen Franz Walter über den früher treibenden Teil der mittleren Generation berechtigt ist, sei dahingestellt: »Tausche Weltanschauung gegen Lottogewinn! In der einst so ideologiebeladenen Generation und Kultur der Achtundsechziger ist das weltanschauliche Feuer im Zuge des Älterwerdens und beruflichen Aufstiegs mehr und mehr erloschen ... Von einer ernsthaften Gesellschaftskritik hat sich diese Gruppe arrivierter Akademiker mit luxushedonistischen Neigungen nahezu vollends verabschiedet. Der spirituelle Bedürfnisrest wird durch eine eklektische Auswahl jeweils originell klingender Philosophien abgedeckt. Die systemverändernden Theorien früherer Jahre sind durch melancholische Tagträume ersetzt worden ...«

Und doch ist die Idee der Weltverbesserung nicht ganz erstickt. Sie taucht plötzlich aus einer ganz unerwarteten Ecke auf. Die dem Alltagsgeschäft enthobenen *elder statesmen* und Neo-Philanthropen wie Bill Clinton oder Al Gore oder die Megareichen wie George Soros, Warren Buffett oder Bill Gates oder Musiker wie Bono oder Grönemeyer und Schauspieler wie Richard Gere oder Angelina Jolie zählen sich zu einer neuen Garde der Weltverbesserer, und sie schweben uns nur noch leicht ironisiert etwa von einem *Spiegel*-Titelbild als neue Superhelden entgegen (23. Juli 2007).

Die Bereitschaft zu diesem Engagement ist in uns angelegt. Um es zu entdecken und zu entwickeln, bedarf es nicht unbedingt einer weltanschaulichen Untermauerung, auch wenn sich beides verbinden kann. Für die heute Erwachsenen muss Weltverbesserung nicht zwangsläufig ein utopisches Politprojekt sein. Sie kann im Privaten verwirklicht werden, unspektakulär, gewaltlos, kreativ, fürsorglich, versöhnend. Das neue, realistischere

Programm verbindet psychische Reife mit sozialer Weltzugewandtheit. Es heißt Generativität.

Für den dreiundsechzigjährigen Deutschschweden Jakob von Uexküll, den Stifter des alternativen Nobelpreises, ist es ein »ethischer Brutinstinkt«, der uns zu generativem Handeln treiben sollte: »Die meisten von uns spüren die Verpflichtung, unseren Kindern eine bessere Welt zu hinterlassen, zumindest keine schlechtere. Aber sie leben nicht danach.« Und so tut er mehr als viele andere. Offenbar rührt sich der Impuls zu Weltverbesserung immer wieder neu und mächtig, auch wenn seine Protagonisten mit Hohn, Skepsis oder Misstrauen rechnen müssen. Uexküll, der bekennende Weltverbesserer, muss mit dem Etikett »Ökokassandra« leben. Er selbst sieht sich als »Possibilisten«: »Die nächsten fünf bis zehn Jahre entscheiden, ob wir es schaffen, den globalen Temperaturanstieg auf jene zwei Grad zu begrenzen, die gerade noch beherrschbar sind. Ich glaube daran, dass die Probleme zu lösen sind.«

Uexküll hat 2004 einen »Weltzukunftsrat« (World Future Council) ins Leben gerufen, ein fünfzigköpfiges Gremium aus Wissenschaftlern und Experten. Eine Palaver- und Expertenrunde mehr in Sachen Umweltschutz? Der Gründer sieht darin ein Gremium von »Menschen, die noch Vertrauen genießen«. Der Rat sei, meint er eher unbescheiden, die Verkörperung eines »Weltgewissens« und »eine Stimme, die die Interessen der künftigen Generationen vertritt«. Es sind letztlich die generativen Taten, die auch über den Wert von Bekenntnissen entscheiden. Uexküll hat etwas bewegt: Vor den Toren der superkapitalistischen Boomstadt Schanghai entsteht eine Ökomusterstadt für dreißigtausend Einwohner.

Generativität ist ein Ideal. In Reinform, als grenzenloser Altruismus und völlige Selbstaufgabe, ist sie kaum zu haben. Sie wird sehr viel häufiger durch ein besonderes Metamotiv stimuliert, das im mittleren Lebensalter auftaucht: Der Wunsch nach *symbolischer Unsterblichkeit* ist nun häufig die treibende Kraft hinter sehr unterschiedlichen Verhaltensweisen, oft aber hinter generösem und generativem Verhalten gegenüber künftigen Generationen: Stiftungen, Nachlässe, gemeinnützige Gebäude und Institutionen dienen der Verewigung des eigenen Ich. Man kann sich das Weiterleben im Andenken künftiger Generationen verschaffen durch kleine und große Akte der Generativität – die Plakette an der gespendeten Parkbank oder am Erweiterungsflügel einer Bibliothek, der Lehrstuhl mit dem Namen des Stifters. Tu Gutes und sorge dafür, dass dein Name fehlerfrei in Stein gemeißelt ist!

Symbolische Unsterblichkeit ist der Versuch, das biologische Ende zu überleben und das Selbst über den Tod hinaus auszuweiten. Die Sorge um den »guten Ruf« in der Nachwelt und der Wunsch, in Erinnerung zu bleiben, mögen durch unterschiedliche Grade der Eitelkeit motiviert sein. Aber diese Motive ziehen häufig erst die »guten Werke« nach sich. In der Legierung altruistischer mit egozentrierten Motiven lässt sich eine List der Vernunft entdecken, oder besser: ein evolutionär bewährter Trick der Psyche.

Generativität ist die eigentlich erwachsenentypische Fähigkeit, von sich selbst abzusehen: für andere da zu sein,

sein Wissen und seine Erfahrung in das Projekt Weltverbesserung einzubringen, etwas weiterzugeben. Sie ist nicht nur ein notwendiger Schritt auf dem Lebensweg, sondern stellt gleichzeitig auch die große Selbstentfaltungs- und Glückschance des mittleren Erwachsenenalters dar. Auf der Höhe von Können und Wissen und reich an Erfahrung können wir neuen Lebenssinn finden und die Achtung der anderen gewinnen.

In den Vierzigern und Fünfzigern der Lebensspanne tritt der biologisch-generative Impuls in den Hintergrund. Nun werden neue, andere Formen der Generativität wichtig: Kulturelle, geistige und soziale Generativität sind sublimierte Formen der intergenerationellen Fürsorge. Das wird die Aufgabe der heute Erwachsenen sein: die Generativität als wichtigste Aufgabe der mittleren Jahre für sich zu entdecken.

2. Verantwortung für das Kommende
Die Entdeckung der Generativität

Am Tag, als sein langjähriger Geschäftspartner nach einer Krebserkrankung starb, las Werner Hagen zufällig die Stellenausschreibung einer nahe gelegenen Fachhochschule, die einen Dozenten für Sozial- und Wirtschaftsgeschichte suchte. Der einundfünfzigjährige Bankmanager erinnerte sich daran, dass er vor Jahrzehnten, in seinen Studentenjahren, eigentlich Lehrer werden wollte. Weil ihm die Anstellungschancen nicht so gut erschienen, begann er stattdessen nach einem Studium in Wirtschaftswissenschaften und Geschichte eine Karriere als Banker, mit dem Spezialgebiet Immobilien und Hypotheken. Dort reüssierte er und wurde bald wohlhabend. Aber diese Stellenanzeige traf einen Nerv bei ihm. Ihm fiel wieder ein, wie ihn sein Partner zwei Wochen vor seinem Tod fragte: »Und, Werner, was machst du mit deinem Leben? Hast du mir nicht gesagt, dieser Hypothekenkram wäre nichts für immer?«

Werner Hagen beschloss, sich um die Stelle zu bewerben. Er bekam sie – und änderte sein Leben. Ein gewisses *Downsizing* war nun geboten, mit dem Einverständnis seiner berufstätigen Frau verkaufte er das stattliche Haus in einem Nobelvorort, und das kinderlose Paar zog in ein wesentlich kleineres Haus in der Nähe der Fachhochschule.

Die nächsten zwei Jahre holte er abends fehlende Qualifikationen nach, hospitierte als Aushilfslehrer, büffelte für die neue Aufgabe. Seit fünf Jahren unterrichtet er nun Studenten in Wirtschaftsgeschichte – unter besonderer Berücksichtigung all der Dinge, die er als Finanzfachmann gelernt hat. Das Gehalt beträgt einen Bruchteil seines Bankereinkommens. Aber Hagen ist mehr als zufrieden mit seinem neuen Job: »Ich wollte nicht fünfundsiebzig werden und mir die Frage stellen müssen: Was hast du mit deinem Leben gemacht? Und die Antwort wäre gewesen: Du hast mit Hypotheken und Immobilien gehandelt und gutes Geld verdient. Ich will etwas zurückgeben, ich will eine Wirkung bei Menschen hinterlassen.«

Und er ist ein guter Lehrer. Seine zweiundzwanzig Jahre in der Finanzwelt kommen den Schülern zugute: Neben dem Lehrstoff vermittelt er ihnen viele andere Dinge – er zeigt ihnen beispielsweise, wie man Probleme strukturiert und unter Druck lösen kann, wie man sich schriftlich und mündlich gut präsentiert, und er geht Themen wie Sozial- und Krankenversicherungswesen mit ganz praktischen Beispielen und immensem Hintergrundwissen an. Werner Hagen arbeitet heute mehr als in seinen Bankerzeiten – von morgens sieben Uhr bis spätabends. Er geht in seinem neuen Beruf auf, fühlt sich dabei gesünder und schläft besser. Seine Schüler sind von dem unorthodox lehrenden »Prof« begeistert und dankbar für seinen lebensnahen Unterricht. Er ist zufrieden mit seinem Leben, er hat Sinn und Erfüllung gefunden, und er »zahlt etwas zurück«. Man könnte auch sagen: Er meistert die wichtigste Aufgabe des mittleren Lebensalters: Er ist generativ.

Generativität ist unser Zukunftssinn – in doppelter Weise. Mit diesem Zukunftssinn können wir dem Kernproblem des mittleren Erwachsenenlebens begegnen, der Stagnation. Generativität beantwortet die Frage: Wie geht es mit mir weiter? In dieser Frage ist jedoch eine größere enthalten: Wie geht es mit der Welt weiter? Wenn Erwachsene die Generativität als ihre altersgemäße Aufgabe entdecken, begreifen sie sich als Bindeglied zwischen den Generationen. Sie sind, »mitten im Leben«, nun verantwortlich für das große Ganze. Ihr wichtigstes Projekt ist die Weitergabe von Traditionen und Wissen, das Erhalten des Erhaltenswerten in der Kultur.

Generativität äußert sich in der aktiven Sorge um die nachwachsenden Generationen, in der Verbesserung ihrer Lebensbedingungen und Chancen. Dieser altruistische, großherzige Anteil der Generativität wird mitunter erst auf den zweiten Blick erkennbar. Am Beispiel Werner Hagens zeigt sich der Doppelcharakter dieser Erwachsenentugend: Als Generative tun wir auch etwas für uns selbst, wir sorgen auch für das eigene Seelenheil. Denn wenn uns in den mittleren Jahren die eigene Vergänglichkeit bewusster wird, hilft Generativität, die existenziellen Fragen dieser Lebensphase zu beantworten: Welche Spuren hinterlasse ich? Welchen Sinn hatte mein Leben?

Antworten darauf lassen sich leichter finden, wenn Generativität zunächst als das Natürliche und Naheliegende begriffen und gelebt wird: als das erwachsene Bemühen um die Erhaltung der Welt für die, die nach uns kommen. Sie ist eine universelle menschliche Eigenschaft, eine Verhaltensnorm, die in allen Kulturen und

Epochen der Geschichte anzutreffen ist. Der Große Rat der nordamerikanischen Irokesen hatte seine eigene Definition dafür gefunden: »Bei jeder Entscheidung müssen wir deren Folgen für die nächsten sieben Generationen bedenken.« Und bis zum Überdruss hat die Ökologiebewegung ein afrikanisches Sprichwort als Slogan strapaziert, auf Autoaufklebern war und ist es noch häufig zu lesen: »Wir haben die Erde nur von unseren Kindern geborgt.«

Generativität erscheint deshalb als das ethische Urmotiv schlechthin. In ihr verbinden sich unbewusste biologische Impulse mit bewussten altruistischen Anstrengungen. Generativität ist die Summe und Synthese aller Ich-Stärken, die wir im Laufe unserer Entwicklung erworben haben. Im mittleren Alter sollte der erwachsene Mensch seine Realitätstüchtigkeit, sein Wissen, seine Fähigkeit zur Selbststeuerung und zur Führung in den Dienst eines größeren Ziels stellen als das des persönlichen Fortkommens oder Wohlbefindens.

Die Sorge um das Wohlergehen künftiger Generationen zeigt sich auf unterschiedlichen Feldern. Der Lebenslaufforscher John Kotre unterscheidet biologische, elterliche, technische und kulturelle Generativität: Die *biologische* äußert sich in dem Streben nach leiblichen Nachkommen, sie umfasst den Zyklus von Fortpflanzungswunsch, vom Zeugen und Gebären eigener Kinder. Die biologische muss in die *elterliche* Generativität münden: Kinder müssen aufgezogen, behütet, unterstützt und schließlich in die Autonomie ihres eigenen Lebens entlassen werden. Die *technische* Generativität besteht im Kern in der Bildung und Ausbildung der nachwachsenden Generationen, um sie zukunftsfähig zu machen. Und die *kulturelle* Generativität organisiert die Weitergabe von kulturellen Werten, Schätzen und Sinnsystemen.

»Unsere Kinder sollen es mal besser haben«

Ge-ne-ra-ti-vi-tät: Der sechssilbige, etwas sperrige Begriff ist aufs Engste mit dem Namen des dänisch-amerikanischen Psychoanalytikers Erik Homburger Erikson verknüpft. Generativität war seine Wortschöpfung für eine alte, vielleicht die älteste Idee der Menschheit. Erik Erikson prägte den Begriff 1950, als er in seinem bahnbrechenden Buch *Kindheit und Gesellschaft* eine neue Theorie der menschlichen Lebensspanne vorstellte. Mit dieser Theorie weitete Erikson den Blick auf das gesamte Leben: Von der Geburt bis zum Tod ist der Mensch in eine Entwicklungsdynamik verstrickt, die ihm immer neue Anpassungen abfordert, neue Aufgaben stellt und neue Chancen bietet. Um seiner seelischen Gesundheit willen und um sich als Person zu entfalten, muss er sich diesen Aufgaben stellen und die darin enthaltenen Entwicklungschancen nutzen.

In den sechziger und siebziger Jahren erlebte Erikson sehr intensiv, wie sich in der saturierten Gesellschaft der USA die *generation gap* auftat, die Generationenkluft, und wie von dort eine Jugendrevolte gegen die Selbstzufriedenheit und Spießigkeit der Elterngeneration ihren Lauf nahm. Diese Revolte begehrte gegen den grassierenden Materialismus, die Heuchelei und Doppelmoral auf, auch gegen den Anpassungsdruck und den Konformismus. In Filmen wie *Die Reifeprüfung* wurden diese Themen aufgegriffen, vor allem aber in der Underground-Musik jener Zeit: die Zerrissenheit einer Generation zwischen Verachtung für die Eltern und der Sehnsucht nach intergenerationeller Bindung, nach starken und vertrauenswürdigen Vaterfiguren. Erikson, der von 1964 bis 1970 in Harvard lehrte, war bei den Studenten sehr beliebt, denn er erfüllte das Klischee des »guten Zuhörers und verständnisvollen Vaters«.

Die bekanntesten Lieder dieser kulturrevolutionären, rebellischen Generation zeugen von der Entfremdung zwischen den Generationen: Moody Blues sangen 1969 »To Our Children's Children's Children«, Cat Stevens setzte sich in seinem Album *Tea for the Tillerman* mit den Spannungen zwischen »Father and Son« auseinander. Auf dem legendären Woodstock Festival sangen Crosby, Stills & Nash »We are leaving – you don't need us«, The Who artikulierten 1964 auf der Single »My Generation« einen nahezu unverhüllten Todeswunsch an die Adresse der Alten: »Why don't you just f-f-f-fade away«.

Die aufbegehrende Jugend befand sich, so interpretierte Erikson das Geschehen, in den Nachwehen einer ungelösten Identitätskrise. Die Ablösung von den Eltern war zwar äußerlich vollzogen und lag für die meisten der Jugendlichen schon einige Jahre zurück. Aber sie war nicht wirklich gelungen, eine innere Verstrickung blieb, und eine neue, tragfähige Identität für das eigene Leben war noch nicht gefunden. Ungelöste Konflikte – wie die Identitätskrise – tauchen immer dann auf, wenn Lebensverhältnisse als einengend empfunden werden. So waren auch regressive Tendenzen ein Merkmal der Jugendrevolte – etwa in Form der psychedelischen Bewegung des Timothy Leary, der die eskapistischen Alternativwelten des Drogenrausches propagierte, oder in Gestalt von Ronald D.Laings »Gegenkultur«, in der die Selbsterschaffung ganz ohne »krank machende« Vorbilder gefeiert wurde.

Eriksons Vorstellung vom menschlichen Lebenszyklus ist stark von biologischen Entwicklungsmodellen beeinflusst. Seine Wortschöpfung »Generativität« umschreibt er als »zeugende und kreative Fürsorge«. Sie steht für eine anthropologische Konstante: Wenn das Ziel der Evolution die Weiterentwicklung des Lebens und seine optimale Anpassung an veränderte Umwelten ist, dann brauchen Menschen so etwas wie einen ontogenetischen Instinkt, einen natürlichen Impuls, um diese Entwicklung voranzutreiben. Diese Höherentwicklung ist der Sinn des Lebens. Bei aller Skepsis erkannte bereits Sigmund Freud im »Kulturprozess« des zivilisatorischen Fortschritts die Fortsetzung der biologischen Evolution mit anderen Mitteln.

Dieser Fortschritt ist ein störungsanfälliger, gelegentlich sogar um Stufen zurückfallender Prozess, aber nichtsdestotrotz eine prinzipielle Höherentwicklung des Daseins. Heute hat das eher defensive Prinzip der Nachhaltigkeit in Ökosphäre und Wirtschaft dem Glauben an ein Höher und Weiter den Rang abgelaufen. Nachhaltigkeit ist das zeitgemäße Überlebensprinzip schlechthin.

Generativität könnte man als das psychologisch-kulturelle Äquivalent zur physischen Nachhaltigkeit ansehen. Aber sie ist mehr als das. Sie sichert nicht nur den Erhalt, sie zielt auf die *Verbesserung* der zivilisatorischen Errungenschaften, der Kultur und damit der Lebensbedingungen künftiger Generationen.

Biografische Längsschnittuntersuchungen zeigen: Die Generativität gipfelt in den mittleren Erwachsenenjahren. Das Maß für die entfaltete Generativität in diesen Studien sind die generativen Akte – etwa das Engagement in Institutionen, die Kinder und Jugendliche fördern oder deren zukünftige Lebenswelt bewahren oder verbessern helfen. Als generativ gilt das Lehren und Coachen von jungen Künstlern, Sportlern, Wissenschaftlern. Generativ ist ebenso das politische oder ehrenamtliche Handeln für bessere Lebensbedingungen von benachteiligten Gruppen sowie die Gründung oder Unterstützung von Einrichtungen, die künftigen Generationen zugutekommen.

Generativität könnte die Schlüsseltugend des 21. Jahrhunderts werden: nach außen gewendet und kollektiv als das Bewahren von Kultur und Natur vor dem Furor der Beschleunigung und Zerstörung, nach innen gewendet und individuell als eine Bedingung für gelingendes Altern bei steigender Lebenserwartung und für die Versöhnung mit dem eigenen Leben. Sie ist, in der Sprache der Psychoanalyse, eine Ich-Stärke: eine besondere Qualität des gereiften Ich, das zuvor die »strategischen Lebensphasen« erfolgreich bewältigt hat – wie etwa die frühe Kindheit, die Adoleszenz und das junge Erwachsenenalter. Die reife

Generativität ist das wichtigste Ziel der menschlichen Entwicklung, die siebte in der Abfolge von acht Lebensstufen. Auf jeder Stufe muss der Mensch widerstreitende Motive – etwa das Streben nach Autonomie und den Wunsch nach Sicherheit – miteinander versöhnen und sich an neue Umweltforderungen anpassen. Die Entwicklungsaufgabe besteht darin, eine dauerhafte und im weiteren Leben tragfähige Synthese zu finden und an den alterstypischen Konflikten zu wachsen.

Weil spätere Lebensphasen nur erfolgreich bewältigt werden können, wenn auch die vorherigen hinreichend gut gemeistert wurden, nannte Erikson sein Modell mit einem Begriff aus der Embryologie *epigenetisch*. Wie bei der biologischen Entwicklung bauen auch alle Ich-Stärken aufeinander auf, keine Stufe kann übersprungen werden, und in jedem neuen Entwicklungsschritt sind die früheren enthalten. Und in jeder neuen Lebensphase werden die Entwicklungskrisen und die Ich-Stärken des vorangegangenen Lebens bedeutsam für die Bewältigung der nun jeweils anstehenden Aufgabe.

Epigenetisch heißt auch, dass die Entwicklung einem präzisen Zeitplan folgt. In diesen Punkten hat Erikson sein Modell revidiert: Die Kultur und die sozialen Normen haben einen großen Einfluss darauf, was auf jeder der Stufen als »altersgemäß« gelten soll. In der psychosozialen Entwicklung des Menschen gibt es ganz offensichtlich Entwicklungsverzögerungen, ebenso wie es frühe Reifungen gibt. Und auch die Rückkehr zu früheren Entwicklungsstufen ist möglich – mitunter sogar sinnvoll. So hat der Psychoanalytiker Ernst Kris darauf hingewiesen, dass es

»Regressionen im Dienste des Ichs« geben kann, etwa wenn Künstler sich auf »primitivere« Stufen zurückfallen lassen, um neue Impulse für ihre Kreativität zu finden.

Acht Stufen bis zur Weisheit

Jenseits seiner fachlich-psychologischen oder biologischen Terminologie jedoch hat Erikson allgemeinsprachliche Begriffe aus dem menschlichen Tugendkatalog gewählt, um die spezifischen Leitmotive jeder Lebensphase zu verdeutlichen. Im Lebenszyklus des Menschen entwickeln sich, in aufsteigender Reihenfolge, Hoffnung, Wille, Entschlusskraft, Kompetenz, Treue, Liebe, Fürsorge, Weisheit.

Am Beginn des Bogens, in der frühesten Kindheit (bei Freud die orale Phase), ist *Hoffnung* das Leitmotiv. Sie entsteht durch das Urvertrauen, das ein Kleinkind zur Mutter, zu anderen wichtigen Bezugspersonen und damit zur Welt als einem »reagierenden Universum« bilden kann: Ich bin erwünscht, ich habe ein Recht darauf, hier zu sein, ich werde ernährt, umsorgt und geliebt. Der Gegenpol des Urvertrauens ist das Urmisstrauen. Wird das Bedürfnis nach sicherem Umsorgtsein nicht oder unzureichend befriedigt, sind chronisches Misstrauen und eine »habgierige Regression« in die prekäre Kleinkindphase die Begleiter des Menschen.

Aber selbst das bestversorgte Kind wird nicht immer alle seine Bedürfnisse befriedigt bekommen – es wird immer auch Enttäuschungen und Frustrationen erleben, und das schärft das Realitätsprinzip: Absolutes, blindes Vertrauen in die Welt wäre gefährlich, deshalb ist eine ohnehin unvermeidliche Beimischung von Misstrauen sinnvoll. Dieses dialektische Prinzip gilt für alle Ich-Stärken. Sie entstehen im Wechselspiel antagonistischer Gefühle und Erfahrungen – das Positive überwiegt das Negative, aber es lernt von ihm und integriert es. Jede Ich-Stärke wird durch ihren negativen Gegenpol mitgeprägt. Aber trotz erfahrener Enttäuschungen ist die Fähigkeit zur Hoffnung der emotionale Treibsatz für den Start ins Leben und für Erikson die »kindlichste aller Eigenschaften, gleichzeitig die fundamentalste des Ichs, ohne die das Leben weder richtig anfangen noch sinnvoll enden kann«.

Zwischen dem ersten und dem dritten Lebensjahr erwacht der *Wille*: In der Dialektik von Halten und Loslassen, von Geborgenheitswünschen und Autonomiestreben und in für Eltern oft nervenaufreibenden Kämpfen entsteht das Gefühl für Eigenständigkeit und Selbstwert. Wird dieser aufkeimende Durchsetzungswille unterdrückt und frustriert, erlebt sich das Kind immer wieder ohnmächtig und schwach, fühlt es Beschämung und Zweifel. Das Selbstwertgefühl und das Vertrauen in die eigenen Fähigkeiten bleiben unterentwickelt.

Im Kindergartenalter werden die Beziehungen zu einer Gruppe, zu Gleichaltrigen wichtig – und die Wissbegier erwacht. Das Sprachvermögen und die Vorstellungskraft des Kindes explodieren geradezu. Es vergleicht sich nun häufig mit Älteren, schlüpft spielerisch in unterschiedliche Rollen und Fantasiewelten. Wenn diese Initiativen gebremst oder unterbunden werden, etwa durch ein Übermaß an elterlichen Verboten oder unverständliche Willkürakte, verkümmert die sich entfaltende Ich-Stärke *Entschlusskraft*. Die verinnerlichten Verbote wirken im späteren Leben als Hemmungen und schnell entstehende Schuldgefühle weiter.

Im Grundschulalter ist das Streben nach *Kompetenz* das dominierende Lebensmotiv: Das Kind will sich beweisen, seine Talente entfalten, Selbstbestätigung erfahren. Es lernt, dass es diese Ziele mit Fleiß, Konzentration und auch durch Kooperation mit anderen erreichen kann. Erikson nennt diese Ich-Stärke auch den »Werksinn« – den Impuls, etwas zu schaffen und produktiv zu sein. Kann sich dieser Werksinn – unabhängig von den Begabungen des Kindes – aufgrund ungünstiger äußerer Bedingungen oder mangelnder Förderung nicht entfalten, entstehen anhaltende Unsicherheits- und Minderwertigkeitsgefühle, die sich im späteren Leben als soziale Ängste und Arbeitsstörungen auswirken können.

In Pubertät und Adoleszenz versucht der Heranwachsende, sich mehr und mehr aus den engen Bindungen an die Eltern zu lösen, »auf eigenen Beinen zu stehen« und eine *Identität* zu entwickeln. Die Gefahr dieser Lebensphase besteht darin, dass der Jugendliche sich angesichts so vieler neuer Türen, die sich nun öffnen, in Rollenkonfusionen verliert, den eigenen »Platz im Leben« nicht findet und keine längerfristigen Ziele formulieren kann. Viele Idole und Ideale stehen zur Auswahl, gleichzeitig wächst der Konformitätsdruck, ausgeübt etwa von *peer groups*, denen man angehören will, oder von Eltern, die auf bestimmten Berufs- oder anderen Wünschen bestehen.

Weil es oft schwierig und langwierig ist, diese *Identitätskrise* zu überwinden, gewährt die westliche Kultur ihren Heranwachsenden ein »psychosoziales Moratorium« – eine längere Phase des Suchens und Experimentierens. Bleibt die Suche nach der unverwechselbaren Identität ohne Erfolg, können wir in einer »negativen Identität« stecken bleiben, in dem, was wir *nicht* sein wollen, oder wir schleppen die Identitäts- und Rollenkonfusion in die folgenden Lebensphasen mit. Die ungelöste Identitätskrise taucht dann immer wieder auf.

Luther und Gandhi waren für Erikson exemplarische und überlebensgroße Gestalten, an denen sich der Kampf um Identität und Generativität verdeutlichen lässt: unbeirrbar am einmal eingeschlagenen Weg festhaltend, vom eigenen Tun fest überzeugt, mitreißend, altruistisch und kämpferisch zugleich. Die Beharrlichkeit von Überzeugungen lässt uns stutzen: Sind überragend generative Menschen nicht auch nervende Prinzipienreiter, aktivistische Gutmenschen oder selbstgerechte Ideologen? Und was den »moralischen Kompass« betrifft: Sind Selbstzweifel und Relativierung nicht etwas Gutes, Sinnvolles im postideologischen Zeitalter?

Die Vorstellung von »Identität« hat sich in den wenigen Jahrzehnten seit Eriksons maßgeblichen Arbeiten über die »Identitätskrise« als ein notwendiges Stadium in der Entwicklung des Menschen dramatisch verändert. »Persönlichkeit« ist in den Modellen heutiger Psychologen etwas grundsätzlich Plastisches, Fluides: Robert Jay Lifton spricht vom »proteischen Selbst«, das sich wie der sagenhafte griechische Gott Proteus immer neue

Gestalten geben kann und sich jeder Situation und Anforderung anpasst. Kenneth Gergen beschreibt das »gesättigte« oder »multiple« Selbst, das von einer Überfülle sozialer Kontakte und Erwartungen bestimmt und von einem »Chor der inneren Stimmen« gelenkt werde. Das Selbst ist im Grunde nichts als der Schnittpunkt oder die Summe vielfältiger Beziehungen. Von einem unveränderlichen »Kern« der Persönlichkeit, von »Authentizität« oder einem verfestigten »Charakter« zu sprechen, so Gergen, werde der komplexen Wirklichkeit postmodernen Lebens nicht mehr gerecht. Beständigkeit sei in modernen Lebenswelten ein eher unangemessener Charakterzug, weil sie die Anpassung an schnell sich verändernde Realitäten erschwere. Und verkörpern wir heute nicht eher einen Zettelkasten voller variierender Rollen und wechselbarer Eigenschaften als ein einmal geschriebenes und unabänderliches »Manifest«? Was also ist unsere Identität, um die wir so mühsam gerungen haben?

Das identische Selbst, darauf können sich traditionelle Charakter-Psychologen und postmoderne Fluiditätstheoretiker einigen, ist vor allem eine *Geschichte*, die wir uns selbst und anderen erzählen. Diese Geschichte folgt einem bestimmten narrativen Muster, das heißt, sie hat einen Anfang, eine Mitte, ein Ende. Selbst-Geschichten können auf unterschiedlichste Art, mit unterschiedlichsten Tönen und Färbungen erzählt werden – als Drama, Tragödie, Komödie, als Reiseerzählung, als Burleske, als Schelmenroman.

Wir erzählen uns selbst und anderen das eigene Leben als eine fortlaufende Geschichte, deren inneren Zusammenhang wir immer wieder aufs Neue herstellen müssen und der wir eine je nach Gemütslage changierende emotionale Färbung geben. In diesen Geschichten versuchen wir, einen tieferen Sinn unseres Daseins herauszuarbeiten, ein Leitmotiv, ein bezeichnendes Thema. Dieses Thema kommt der Identität am nächsten – es definiert unsere Persönlichkeit gegenüber anderen. Und schließlich wollen wir die Geschichte, die wir für unser Leben halten, zu einem möglichst guten Ende bringen.

Generative Menschen erzählen sich und anderen ihre Geschichte auf eine bestimmte, typische Weise. Die Auffassung des eigenen Lebens als einer erzählbaren, sinnvollen Geschichte mit einem guten Schluss erleichtert es uns, dieses Ende zu denken. Eine Voraussetzung dafür ist, dass wir im mittleren Erwachsenenalter Generativität zum Leitthema unseres Lebens machen. Sie ermöglicht uns eine tröstliche Perspektive: Unsere Geschichte wird durch generatives Verhalten »rund« und in sich stimmig, und das persönliche Ende muss nicht das Ende aller Geschichten sein. Eine Fortsetzung ist denkbar, auch wenn die von anderen erzählt werden wird. Generative Erwachsene, so zeigen neue Studien von Dan McAdam über das »erlöste Selbst«, erzählen sich überwiegend solche Geschichten, in denen sie Krisen und Konflikte überwinden und auf ein Happy End zusteuern. Die besondere Note dieser Erzählungen ist ihr Aufwärtsdrang: »Trotz aller Probleme habe ich etwas aus meinem Leben gemacht.«

Mit der gefestigten Identität kann das mittlerweile erwachsene Selbst dem anderen angeboten werden – es muss nicht mehr länger nur um sich selbst kreisen und ist nun erst zu *Liebe* und *Intimität* fähig. Feste und belastbare Beziehungen und Bindungen können nun eingegangen werden. Diese Lebensphase entspricht der genitalen Phase in Freuds Modell: Die Gegenseitigkeit reifer Erwachsener ist möglich. Ohne ausreichende Identitätsbildung und ohne Selbstsicherheit bleiben Liebesbeziehungen unverbindlich und unreif.

Aus der gemeinsamen Intimität entsteht der Wunsch, sich irgendwann selbst in Kindern fortzusetzen. Die generative Phase beginnt mit der biologischen Elternschaft, die auf der Ich-Stärke *Fürsorge* gründet und lange anhalten wird – weit über die Aufzucht der Kinder hinaus. Generativität dominiert den längsten und wichtigsten Abschnitt der gesamten Lebensspanne. Sie umfasst das junge Erwachsenenleben, in dem die biologische und elterliche Generativität zum Zuge kommt, vor allem aber auch die reifen Erwachsenenjahre, in denen die Kinder sich ablösen können und der generative Blick sich weitet auf die übergreifenden intergenerationellen Ziele – die Weitergabe des Wissens, die Erhaltung der Kultur, die Bewahrung einer lebenswerten Welt für die Nachkommen.

Und schließlich, am Ende des Lebensbogens, rundet *Weisheit* alle anderen Ich-Stärken ab: Sie ist, in den Worten Eriksons, »erfüllte und gelöste Anteilnahme am Leben im Angesicht des Todes«. Wenn wir nach einem generativen Leben alle Erfahrungen und Erlebnisse in eine schlüssige Lebenserzählung integrieren können, entgehen wir der Verzweiflung über ein ungelebtes, unerfülltes Leben.

Erikson hat selbst erkannt, wie sehr sich seine Terminologie religiösen Vorstellungen annähert. Nicht zufällig stimmen einige der Werte, die er den einzelnen Ich-Stärken zuordnet, mit christlichen Werten überein – etwa dem paulinischen Dreiklang von Hoffnung, Glaube und Liebe. Aber sie lassen sich auch mit anderen religiösen Begriffssystemen in Einklang bringen. Der hinduistische Psychologe Sudhir Kakar, von Erikson nach einer Übersetzung des Wortes »Fürsorge« befragt, nennt drei sich überlappende Begriffe: *dama* – Zurückhaltung, *dana* – Güte, *daya* – Mitgefühl. Sie alle beschreiben die Aufgaben des Erwachsenen in der indischen Kultur: Im Hinduismus erscheint die Idee der Generativität als die »Sorge um die Welt«.

Das Pathos dieser Begriffe im Rahmen einer psychologischen Theorie war Erikson durchaus bewusst. Selbstironisch kommentierte er seine Begriffswahl einmal so: »Skeptischen, Wien-erfahrenen Lesern fällt bei der Lektüre meiner Bücher vielleicht jener österreichische Kaiser ein, der bei der Besichtigung eines Modells für ein neues bombastisches Barockdenkmal ernst erklärte: Es fehlt noch ein bisserl Glaube, Hoffnung und Liebe in der linken unteren Ecke!«

Das Prinzip
»Kinder haben Vorrang«

Generativität ist die »erwachsene« Form, die Beziehungen zu anderen Menschen zu gestalten, vor allem zu den jüngeren. Dabei wird sie idealerweise zu einem ausgeprägten Persönlichkeitsmerkmal. In anderen Fällen scheint sie phasenweise auf, und mitunter offenbart sie sich nur als flüchtiger, aber entscheidender Moment in einer Biografie. Manchmal reicht ein einziger Augenblick aus, um einem sonst eher verfehlten Leben ein spätes Glanzlicht aufzusetzen und die Signatur »generativ« zu verleihen. Seinen Roman *Alles umsonst* über die Eroberung Ostpreußens durch die Rote Armee und das Schicksal einer Gruppe von Menschen auf der Flucht lässt Walter Kempowski mit einer überraschenden Episode enden. Ausgerechnet der widerwärtige Nazi Drygalski opfert sich auf, um ein Kind zu retten, noch dazu eines aus einer ihm verhassten Gutsbesitzerfamilie. Er überlässt ihm seinen Platz auf dem rettenden Schiff über das Haff: »Eine letzte Barkasse fuhr am Kai entlang ... Im selben Augenblick sah auch Drygalski Peter, und er zeigte auf ihn und sagte etwas zu dem Matrosen, und tatsächlich, der steuerte dicht an den Kai heran. Drygalski sprang heraus, zwischen die Menschen – die wichen zurück und schrien ›Nein!‹ – das ging ganz schnell, er schob Peter auf die Barkasse, und er selbst blieb zurück. Winkte er ihm noch? War nun alles gut?«

Die generative Grundregel lautet: Biologie fließt stromabwärts, das heißt, Kinder haben im Zweifelsfalle Vorrang. »Wenn die *Titanic* untergeht, sollten wir die Plätze im Rettungsboot an die Kinder, nicht an die Großeltern vergeben«, so übersetzt der Psychoanalytiker und Biografieforscher George Vaillant diese Regel in ein Bild. Zum Geschäft der Erwachsenen – der Aufrechterhaltung der Welt – gehört seit eh und je die doppelte Fürsorge: Sie müssen sich um ihre alten Eltern und zugleich um die Kinder kümmern.

Die mittleren Generationen aller Epochen waren schon immer eine Zeit lang »Sandwich-Generationen«. Heute jedoch wird dieser Status zeitlich sehr weit ausgedehnt, bis an die Grenzen der physischen und psychischen Belastbarkeit. Die alten Eltern beanspruchen dank steigender Lebenserwartung sehr viel länger Fürsorge und Zuwendung, und gleichzeitig sollen die Kinder erzogen, umsorgt und gefördert werden, und auch diese Aufgabe zieht sich oft erheblich länger hin als in früheren Generationen.

Eine Studie der amerikanischen Altersforscherin Margie E. Lachman über die Belastung von Erwachsenen im mittleren Lebensalter ergab, dass nicht diejenigen ausgebrannt oder gar verbittert waren, die sich intensiv um ihre Kinder kümmern mussten (obwohl auch sie reichlich Stress und Erschöpfung erlebten), sondern die, die sich vorwiegend in der Pflege ihrer Eltern aufrieben. Ganz rigoros ausgedrückt besagt der generative Imperativ: Die Alten sind für die Jungen da, nicht umgekehrt. Das ist kein Plädoyer dafür, die Alten sich selbst zu überlassen und sich nur noch um die Jungen zu kümmern. Aber in einer generativen Gesellschaft sollte die Gewichtung der Fürsorge kein Tabuthema sein.

Wie wird man generativ?

Wie entsteht Generativität? Die Entwicklungspsychologie und in den letzten Jahren auch die Gehirnforschung haben nachgewiesen, dass in uns von Anfang an ein biologisch fundierter Drang zu altruistischem Verhalten angelegt ist. So unglaubhaft es mitunter scheinen mag, aber Rousseau hatte recht: Der Mensch ist zunächst »von Natur aus gut«, zumindest wenn es darum geht, sich um andere zu kümmern. Wir sind als Kinder biologisch dazu disponiert, mitzufühlen, helfen zu wollen, wenn andere in Not sind. Wir wollen heilen, lehren, das Allgemeinwohl verbessern. Dieser Drang ist in seiner reinen Form und noch unverdorben durch Einflüsse bereits im Kleinkind zu erkennen: als Fähigkeit zur Einfühlung, zum Mitleid, als Impuls, trösten zu wollen. Diese altruistischen, gemeinschaftsorientierten Motive vervollkommnen und verbinden sich, eine halbwegs gelungene Persönlichkeitsentwicklung vorausgesetzt, im reifen Erwachsenenalter zur Generativität. Sie ist unsere nun auch kulturell geforderte und stimulierte Neigung, das Wohl anderer zu fördern – insbesondere das Wohl der nachfolgenden Generationen.

Aber Generativität ist kein Selbstläufer. Der generative Impetus kann verkümmern, wenn er durch egoistische Impulse überlagert wird oder aufgrund widriger Umwelteinflüsse nicht zum Zuge kommt. Generativität muss immer wieder neu geweckt und immer wieder neu von Generation zu Generation durch Vorbild und Erziehung im Wertesystem der Heranwachsenden verankert werden. Sie ist zwar die zentrale Lebensaufgabe des mittleren Erwachsenenalters, aber sie taucht nicht unvermittelt auf, sondern entwickelt sich im Laufe des Lebens und erscheint in ihren Vorformen bereits früh als wichtiges Lebensmotiv.

Auch Kinder und Jugendliche können sich schon generativ verhalten, etwa indem sie Verantwortung für jüngere Geschwister übernehmen. In den jungen Erwachsenenjahren ist natürlich die biologische Generativität ein zentrales Lebensthema, wenn Paare sich den Kinderwunsch erfüllen. Und in jeder Kultur hat die Erziehung die Aufgabe, den Charakter ihrer neuen Mitglieder zu formen, das heißt die intellektuellen, sozialen und moralischen Fertigkeiten auszubilden, die optimal in den jeweiligen gesellschaftlichen Rahmen passen.

Die familiäre Erziehung ist deshalb nie Privatsache. Sie vermittelt die Tugenden der Gemeinschaft, der Verantwortung und der Fürsorge, im Idealfall im Dienst einer positiven, die Kultur erhaltenden und erweiternden Tradition. Aber erst im mittleren Erwachsenenalter entfaltet sich die Generativität in ihrer komplexen, ideellen und praktischen Gestalt und kommt zu ihrer großen Bestimmung: Weitergabe des Wissens und der Kultur, Verbesserung der Welt, Fürsorge für nachwachsende Generationen.

Nicht alle Menschen werden generativ, und wenn, dann in unterschiedlicher Ausprägung und mit unterschiedlichen Mitteln. Die Unterschiede hängen vom Einfluss der Eltern ab, von ihrem Erziehungsstil. Vermitteln Eltern ihren Kindern altruistische, fürsorgliche Werte, schaffen sie gute Grundlagen für deren Generativität. Untersuchungen über den Zusammenhang von Erziehungsstil und späterer Generativität zeigen: Generative Menschen haben überdurchschnittlich häufig auch generative Eltern. Diese Eltern kümmerten sich um ihre Kinder, sie waren kindzentriert, fürsorglich und vermieden Strafen. Sie legten jedoch Wert auf Disziplin und die Einhaltung von Pflichten, und in besonderem Maße betonten sie den Wert der Bildung.

Bildung ist das beste Mittel, um den fundamentalsten generativen Wunsch zu erfüllen: »Unsere Kinder sollen es mal besser haben.« Generative Eltern versuchen, die Startchancen ihrer Kinder zu verbessern und gleichzeitig deren Autonomie zu stärken. Bildung ist deshalb das eigentliche Leitmotiv vieler Eltern. Sie helfen ihren Kindern in der Schule, beim Lernen, in Krisen – ohne dabei überbehütend und überfordernd zu sein. Bei derart erzogenen Kindern lässt sich folglich ein höheres Maß an Selbstachtung beobachten. Und nachweislich begünstigt ein generativer Erziehungsstil die moralische Entwicklung.

Erziehung und die Qualität unserer Beziehungen entscheiden über unser Schicksal. Eine besondere Etappe in der Persönlichkeitsentwicklung ist die Identitätsbildung. Damit sich unsere Identität, ein stabiles Bewusstsein für das eigene Selbst, entwickeln kann, müssen wir Antworten auf diese Fragen finden: Wer bin ich? Wer will ich sein? Wo ist mein Platz im Leben? Eine Identität zu entwickeln fällt leichter, wenn wir als Säugling das Urvertrauen in die Welt gewonnen haben. Das ist die Fähigkeit, anderen Menschen mit einem Vorschuss an Vertrauen und der Welt mit Hoffnungen gegenüberzutreten. Das Urvertrauen kann sich am besten in einem stabilen, verlässlichen sozialen Milieu herausbilden. In der Identifikation mit der sorgenden Mutter oder anderen wichtigen Bezugspersonen entwickeln sich weitere Fähigkeiten wie Empathie und Altruismus – die nötigen Ich-Fundamente, die uns in die Lage versetzen, selbst zu Gebenden zu werden.

Aus der kindlichen Identifikation mit wichtigen Bezugspersonen entwickelt sich in der Adoleszenz schließlich die Identität. Sie ist das Resultat der gelungenen Ablösung von den Eltern und einer erfolgreichen Suche nach Idealen, Lebensformen und Rollen jenseits der Herkunftsfamilie. Je stabiler sich die Identität ausgestalten kann, desto besser gelingt es dem Ich, mit den anderen psychischen Instanzen der Persönlichkeit fertig zu werden: Das stabile, selbst-bewusste Ich kann sowohl das Es und mit ihm die Anarchie der Triebe in Schach halten als auch die drohende Autokratie eines zu strengen, einschnürenden Gewissens abwehren.

Diese Ich-Stärke wird besonders bedeutsam in der nächsten Lebensphase: wenn die Fähigkeit entwickelt werden muss, sich auf Liebe und von ihr getragene erotische Bindungen einzulassen. Das gelingt nur, wenn wir nicht den Ich-Verlust fürchten müssen: Die Intimität mit ihrem Balanceakt zwischen Symbiose und Autonomie in der Zweierbeziehung wird zum Hauptthema des jungen Erwachsenenlebens.

Aus stabiler Identität und gelingender Intimität kann schließlich die Generativität entstehen. Das beginnt mit der biologischen Elternschaft, aber das bloße In-die-Welt-Setzen von Kindern ist für sich genommen noch nicht generativ: Kinder sind weder Leistung noch Eigentum, auch keine Erweiterung des Ichs. Deshalb sind Besitzansprüche oder überspannte Erwartungen an das »Erlebnis Kind« antigenerativ. »Ein Kind zu kriegen ist in dieser Gesellschaft meist keine logische Entwicklung eines Frauenlebens mehr, sondern ein per unterlassener Empfängnisverhütung gesteuerter Beitrag zur selbstverwirklichten Biografie. Daran ist ironischerweise auch die *Mein-Bauch-gehört-mir*-Frauenbewegung schuld, die ›bewusste Mutterschaft‹ als weibliche Kernkompetenz besetzte, um sich als moralisch bessere Menschen von der patriarchalen, berechnenden Karrierewelt der Männer abzuheben«, schreibt Karina Lübke in ihrem Essay *Die Kinder-Kriegerinnen*.

Aber auch andere problematische Formen der Eltern-Kind-Beziehung können verhindern, dass sich die Generativität im Erwachsenenalter entfaltet: etwa eine starke emotionale Ambivalenz, maligne Verklammerungen zwischen Eltern und Kindern, sich ständig wiederholender Streit, der sich an ungelösten Konflikten entzündet, berechtigte oder unberechtigte wechselseitige Enttäuschungen – alle diese emotionalen Hypotheken führen in die Stagnation. Manche Eltern haben ihre Kinder auch noch als Erwachsene in belastenden »Delegationen« gefesselt, das heißt, die Kinder haben das zu erledigen, was die Alten selbst in ihrer Lebenszeit nicht verwirklichen konnten. Solche Aufträge verhindern, dass die Nachkommen ihre eigenen Lebenspläne verwirklichen, stattdessen leben sie die Träume ihrer Eltern aus. Die selbstzentrierte Pseudofürsorge von sogenannten Eislaufmuttis ist nichtgenerativ, ebenso wie der Ehrgeiz von Vätern, die ihr Glück daraus beziehen, dass sie ihre Sprösslinge beispielsweise durchs Medizinstudium drücken, um auf den »Arzt in der Familie« stolz sein zu können.

Auch die genuin generativen, »gut gemeinten« Absichten des Erwachsenen müssen zwei Klippen umschiffen: erstens die Selbstüberschätzung und zweitens das vorwiegend auf den eigenen Nachruhm bedachte Streben nach symbolischer Unsterblichkeit. Beides wäre nur wenig besser als die Gleichgültigkeit gegenüber allem, was nach uns kommt. Wahre Generativität erfordert ein Mindestmaß an Selbstlosigkeit, aber auch Realismus und Nachsicht gegenüber der eigenen Unvollkommenheit.

In der nachgenerativen Lebensphase, im hohen Alter, steht die Aussöhnung mit sich selbst und dem eigenen Handeln an. Dann ist es hilfreich, wenn man sagen kann: Ich habe mein Bestes gegeben, ich habe getan, was ich konnte. Aber ich bin nicht vollkommen. Auf dem Grabstein des Boy-Scout-Gründers, Friedensaktivisten und Philanthropen Lord Robert Baden-Powell ist ein Kreis mit einem Punkt in der Mitte eingeritzt, es ist das Waldläuferzeichen für »Ich habe meine Aufgabe erledigt und bin nach Hause gegangen«.

Das eigene Schicksal überwinden

Generativität setzt ein besonderes Bewusstsein für die eigene Existenz voraus. Sie entwickelt sich, wenn man sich mit dem eigenen Lebensweg, dem Gewordensein auseinandersetzt und einen Blick auf die zurückgelegte Wegstrecke wirft. Man tritt in den mittleren Lebensjahren in einen Dialog mit der eigenen Vergangenheit: Was hat uns geprägt und beeinflusst? Wie sind wir durch Eltern und Familiengeschichte gelenkt worden? Ist das »Erbe«, das wir als Erwachsene verwalten, sind all die Erfahrungen, elterlichen »Aufträge«, all die Werte und Regeln eher eine Last oder eine Chance gewesen? Was davon wollen wir weitergeben – und an wen? Wie fördert oder behindert unsere »Mitgift« die Gegenwart – und die Fähigkeit zur Generativität?

Biologisch sind einige Rahmenbedingungen wie Temperament, Begabungen, aber auch Neigungen zu Krankheiten vorgegeben: Wir können auch generativ nicht »aus unserer Haut«, bleiben im Stil unseres Engagements entweder introvertiert oder extrovertiert, ängstlich oder draufgängerisch, eher still oder eher laut. Unsere eigene Generativität als Eltern wird maßgeblich beeinflusst durch die Familienmuster, die wir erlebt haben: Wie wichtig waren Förderung und Bildung, die Weitergabe von Familiengeschichten und Traditionen?

Eltern, Lehrer und Mentoren prägen unsere technische Generativität: Welche Kulturtechniken haben wir von wem gelernt? Wer hat unsere Talente entdeckt, und wie wurden sie gefördert? Was blieb unterentwickelt und verkümmerte? Schließlich sind wir geprägt durch die vielen Werte und konkurrierenden Ideen unserer Kultur. Einige davon zogen uns an, andere stießen uns ab. All diese Einflüsse haben wir im bisherigen Leben oft nur flüchtig oder oberflächlich gewürdigt. Der Fisch weiß nicht um das Wasser, in dem er schwimmt. Die bewusste und aktive Analyse des von uns oft gar nicht wahrgenommenen

Fluidums, in dem wir uns entwickelt haben, ist eine Vorbedingung für die Generativität.

Sigmund Freud hat wie kaum ein anderer deutlich gemacht, wie sehr und wie lange wir am Ballast der Kindheit schleppen. Allerdings ist seine Entwicklungstheorie unvollendet – das Beste, was aus seiner Sicht ein Mensch im Erwachsenenalter erreichen kann, ist die erfolgreiche Sublimation seiner Affekte oder Triebe oder, wenn das nicht möglich ist, das stoische Ertragen der Kindheitsnachwirkungen. Das »fehlende Zwischenglied« in der freudschen Theorie sieht Erikson in der Generativität: Mit ihr überwinden wir als Erwachsene die ererbten und erlittenen Erfahrungen, oder wir ehren und veredeln sie, indem wir ein eigenes, möglichst positives Erbe schaffen, das wir weitergeben können.

Wenn das Erbe hilfreich und generativ war, besteht unsere Generativität darin, es zu wiederholen, uns nach dem Vorbild zu modellieren, eine positive Tradition zu begründen: Wir sind so prinzipientreu wie der Vater, so fürsorglich und hilfsbereit wie die Mutter, so enthusiastisch wie der Musiklehrer. Wir geben die Ideale weiter, die uns generative Menschen eingepflanzt haben.

Die Psychologie beschreibt mit einer Reihe von I-Wörtern, wie eine familiäre Mitgift auf unterschiedliche Arten »übernommen« werden kann: Man kann sie *inkorporieren* wie eine Rolle, die man verkörpert, die aber nie wirklich ein Ausdruck des »Eigenen« sein wird. *Introjekte* nennt die Psychoanalyse Teile oder Facetten der Persönlichkeit eines Elternteils, die als tauglich für den eigenen Lebensweg übernommen werden. Beim *Imitieren* wird der

Vorbildcharakter anerkannt und ein Verhaltensmuster nachgeahmt, es wirkt aber oberflächlich, unassimiliert. *Idealisieren* und *Internalisieren* beschreiben die weitgehende Übernahme von Werten und Haltungen, und schließlich ist die *Identifikation* der ideale Weg, ein Erbe nicht nur zu akzeptieren, sondern mit innerer Überzeugung weiterzuführen.

Manches Erbe drückt schwer. In den wenigsten Familiengeschichten sind die Eltern ausschließlich fürsorglich-generative Figuren und glänzende Vorbilder. Die Charakterbilder der Eltern und Großeltern werden von Grautönen dominiert, und manchmal entdecken wir sogar rabenschwarze Stellen – Geschichten von Vernachlässigung oder Gleichgültigkeit, von Festhalten und Dominanz, von Gewalt und Übergriffen, aber auch von liebevoller und doch fataler Überbehütung.

Wir sind jedoch einem Erziehungsschicksal nicht passiv ausgeliefert, es muss nicht zur lebenslangen Hypothek werden. Entscheidend ist die Verarbeitung der problematischen Erfahrungen in kreativen psychischen Prozessen, die als »reife Abwehrmechanismen« bezeichnet werden. Diese Prozesse – Humor, Sublimation, Altruismus, Antizipation – unterscheiden sich von den unreifen, letztlich kontraproduktiven (wie Verdrängung, Projektion, Abspaltung, Verschiebung) dadurch, dass sie die Erfahrungen zur Quelle von Ich-Stärke machen und das Blei bedrückender Erlebnisse in das Gold der Lebensweisheit verwandeln: »Es hat mich nicht aus der Bahn geworfen, es hat mich sogar stärker gemacht. Ich bin stolz drauf, es trotzdem geschafft zu haben!«

Wer solche reifen Abwehrmechanismen mobilisieren kann, wird seinen eigenen Kindern das Unglück ersparen, das er selbst erfahren hat. Die besondere Generativität solcher Menschen besteht darin, die Kette einer unguten Familientradition unterbrochen zu haben und nur die eigenen, positiven Erfahrungen weiterzugeben.

Wie diese Alchemie der Seele funktioniert, haben Bindungsforscher herausgefunden, als sie auf den Zusammenhang von konkreten Erfahrungen in der eigenen Kindheit und Jugend und der Art der Erinnerungskonstruktion stießen. Sie befragten junge Mütter mithilfe eines Fragebogens *(Adult Attachment Interview)*, wie nahe sie den eigenen Eltern standen, welche Emotionen und Erfahrungen die eigene Kindheit prägten und ob sie diese Erfahrungen zu einer kohärenten Lebensgeschichte verarbeiten konnten. Fünfzehn Monate später wurde untersucht, wie sich die Haltung dieser Mütter zu ihren eigenen Kindern entwickelt hatte, und vor allem, welchen Bindungsstil sie praktizierten. Drei Viertel der »kohärenten« Mütter wiesen den »sicheren Bindungsstil« auf: Sie gaben ihren Kindern Halt und Vertrauen, ohne sie permanent auf sich zu fixieren und abhängig zu machen. Drei Viertel der »inkohärenten« Mütter dagegen praktizierten den »unsicheren Bindungsstil«: Die Kinder wurden entweder übermäßig an die Mutter gebunden, ohne dabei Autonomie entwickeln zu können, oder sie passten sich an eine unsichere Mutter durch Rückzug und emotionale Verunsicherung an.

Das heißt: Nicht der konkrete Inhalt dieser Erfahrungen – also eine glückliche oder unglückliche Kindheit –

entscheidet darüber, ob wir fürs Leben beschädigt und als Erwachsene nichtgenerativ werden, sondern die Art, wie wir uns an sie erinnern. Sind die Erfahrungen in einer inneren Schlüssigkeit zusammengefasst? Werden sie in eine kohärente oder inkohärente Selbst-Erzählung überführt? Dieses Merkmal – Kohärenz – ist entscheidend: die Fähigkeit, aus seinem bisherigen Leben eine zusammenhängende Geschichte zu knüpfen – eine Geschichte, die sich durch genau erinnerte Beispiele und typische Vignetten auszeichnet, die halbwegs objektiv und ausbalanciert ist und nicht von Selbstmitleid und isolierten Negativ-Anekdoten geprägt wird. Es geht darum, auch schlechte Erinnerungen und sogar Traumata einordnen, relativieren, in eine narrative Form bringen zu können, die ein Weiterleben möglich macht. Diese Erzählform hilft, sich nicht nur als Opfer zu begreifen.

Das Unterbrechen einer Kette negativer Traditionen, etwa eines »Familienfluchs«, ist ein hochgradig generativer Akt. Alkoholismus oder Drogensucht, Gewalttätigkeit, extrem rigide Erziehungsstile: Ein Erbe, das behindert, beschädigt, bedrückt, als schädlich zu erkennen und zu überwinden, durchbricht das destruktive Muster. Wer missbrauchende, gefühlskalte oder dysfunktionale Eltern hatte, muss sich mit viel Kraftaufwand von dieser Hypothek befreien und zunächst versuchen, eine Verkrüppelung der eigenen Persönlichkeit abzuwehren. Dieser Kampf kann Jahrzehnte dauern und nie völlig gelingen. Aber es ist eine eminent generative Leistung, als Erwachsener den Bruch mit dieser Tradition zu vollziehen und nachfolgenden Generationen die Last zu ersparen.

Die eigene Stimme finden:
gelungene Identitätsbildung

Eine Identität gefunden zu haben heißt, eine Antwort zu haben auf die Frage: Wer bin ich? Eine gefestigte Identität bedeutet, sich selbst zu definieren und als kontinuierlich, für andere berechenbar und verlässlich zu erfahren. Diese gelungene Identitätsbildung ist die Grundlage für Generativität. Erikson hat in seiner berühmten psychohistorischen Fallstudie *Der junge Mann Luther* exemplarisch gezeigt, wie ein Mensch »seine eigene Stimme« – und damit seine Identität – findet. Im Falle des wortgewaltigen Luther ist das nicht nur metaphorisch, sondern auch wörtlich gemeint. Der Reformator, der »dem Volk aufs Maul« schaute und die Bibel ins Deutsche übersetzte, musste zunächst in langen inneren Kämpfen seine Berufung finden und sie annehmen. Danach ging es darum, Zuhörer zu finden und sie für sich und die eigene Sache zu gewinnen. Luther wäre einer von vielen Kirchenkritikern geblieben, ein unbedeutender Mönch, hätte er nicht seine Stimme erhoben – ohne alle Rückversicherung und Rücksichten. Es gibt wohl keinen berühmteren Ausdruck einer gefundenen und sich bewussten Identität als das lutherische »Hier stehe ich, ich kann nicht anders, Gott helfe mir. Amen!«

Bevor man jedoch die eigene Stimme erhebt, muss die Berufung klar erkannt werden. Dazu ist es nötig, eine Weile zu schweigen, um die »innere Stimme« oder auch einen »Ruf« von draußen hören zu können. Jeder Identitätsentfaltung geht deshalb notwendigerweise eine Latenzzeit selbst verordneter Passivität voraus. Diese Abfolge von Entwicklungsschritten ist auch bei der zweiten historischen Gestalt zu beobachten, deren psychologische Entwicklung Erik Erikson exemplarisch nachzeichnete: Gandhi berichtete von langen Phasen der Überlegung und des Wartens, bis ihm dann eine »innere Stimme« sagte, wie der Kampf um die Unabhängigkeit Indiens zu führen sei. Sie rief ihn zum gewaltlosen Widerstand auf und ließ ihn zum säkularen Heiligen, zur Ikone der Gewaltlosigkeit werden.

Die Identitätsbildung erfolgt im Wechselspiel von passiven und aktiven Phasen des Lernens und der Selbstgestaltung entlang der gewählten Werte und Ziele. Wenn die Identität gefunden ist, gibt ein moralischer Kompass die Lebensrichtung vor. Die Entwicklungspsychologen und Moralforscher William Damon und Anne Colby sprechen von »moralischen Exemplaren«, die von einem »unantastbaren Gefühl der Gewissheit« angetrieben würden. Sie sind durch ihr beispielhaftes Leben generativ, weil sie uns bei der eigenen Charakterbildung helfen. Sie zeigen uns beispielsweise, dass die Übereinstimmung zwischen dem eigenen Handeln und ethischen Prinzipien häufig auf Kosten von Sicherheit, Freundschaften oder Bequemlichkeit gelebt werden muss: In solchen Vorbildern verkörpern und verdichten sich Werte, die sonst abstrakt und blutleer bleiben – und gewinnen so erst ihre *generative* Kraft.

*Der kulturelle Nährboden
der Generativität*

Fortpflanzung, Überleben und Weitergabe der eigenen Gene sind der biologische Daseinszweck jeder Spezies. In der neodarwinistischen Sicht des Biologen Richard Dawkins ist das sogar der einzige Zweck des »egoistischen Gens«, das sich seine Träger, also auch den Menschen in all seinen Facetten, nur erschafft, um jeweils die Chancen des Überlebens zu optimieren. Richtig daran ist: Wir sind *auch* generativ, weil es im Kern ein evolutionär sinnvolles Verhalten ist. Ob Ethik, Religion, Moral nur komplizierte Hilfskonstruktionen des menschlichen Geistes sind, um den simplen biologischen Zweck zu erfüllen, bleibt umstritten.

Es stellt sich aber die Frage, warum Generativität nicht selbstverständlicher ist oder so häufig nur in pervertierter Form gelebt wird. Generativität kann sich nur in einem kulturellen Kontext verwirklichen. Sie braucht und nutzt den ökonomischen, politischen oder ideologischen Rahmen, den die jeweilige Gesellschaft vorgibt. Deshalb variieren die Rollen, in denen Erwachsene ihre generative Aufgabe als Eltern, Erzieher, Lehrer, Mentoren, Mitbürger und so weiter wahrnehmen, von Kultur zu Kultur oft sehr stark.

Kultur ist, in einer Metapher von Clifford Geertz, ein »Gewebe aus Sinn«. Sie umschließt Kunst, Religion, Symbole, Ideologie, Wissenschaft, Recht, Moral und den alltäglich praktizierten *common sense* einer Gemeinschaft. Allen Kulturen gemeinsam ist der Sinn, der dem Handeln zugrunde gelegt wird und auf den sich alle verständigen können. Kultur könnte, in einer anderen Metapher, auch als »Atmosphäre« verstanden werden – als das Klima, die Luft, die »Kälte« oder »Wärme« in einer Gemeinschaft, die von allen gleich erlebt wird.

Was macht eine Kultur zur »generativen Kultur«, und wann erfüllt eine Kultur die Aufgabe ihrer Selbstverewigung nicht? Der Generativitätsexperte John Kotre illustriert den Unterschied an zwei historischen Beispielen aus der frühen amerikanischen Geschichte: Er stellt die Virginier gegen die Neuengländer (die Puritaner). Die Ersteren waren Abenteurer, Händler und Söldner, die Letzteren religiöse, familienorientierte Farmer. Die Virginier, die ab 1607 um Jamestown siedelten, entdeckten bald das kommerzielle Potenzial des Tabaks. Um den schnellstmöglichen Profit mit dem in Europa heiß begehrten neuen Genussmittel zu machen, heuerten die Kolonisten junge Männer aus dem Mutterland an, die sich auf sieben Jahre dienstverpflichten mussten und innerhalb dieser Frist wie Leibeigene gehalten wurden. Über fünfzig Prozent dieser »Siedler« starben vor Ablauf ihres Siebenjahresvertrages. An die Gründung von Familien war unter diesen Umständen kaum zu denken.

Jede »Generation« der Virginier schien wieder bei null anzufangen, immer neuer Nachschub an Dienstverpflichteten musste geholt werden. In dieser Kolonie entstand keine Kontinuität, auch keine Tradition: Niemand kümmerte sich um das, was vorher war. Die Virginier konzentrierten sich ganz auf die Gegenwart, auf das Geschäft. Und als die Leibeigenschaft im 18. Jahrhundert abgeschafft wurde, wurde sie umstandslos durch etwas noch weitaus Schlimmeres ersetzt – die Sklaverei.

Die neuenglisch-puritanische Kultur dagegen war der Musterfall eines generativen Gemeinwesens: Unter hohem Außendruck entstand aus der Kolonie der religiösen Auswanderer die Keimzelle der amerikanischen Nation. Die Neuengländer setzten von Anfang an auf Kontinuität – vermittelt durch Familiensinn, Wertschätzung von Erziehung und Ausbildung, Weitergabe von Fertigkeiten, gegenseitige Unterstützung. Erikson spricht von der »ideologischen Perspektive«, die eine Kultur besitzen müsse. Die entscheidende Zutat einer generativen Gesellschaft ist ihr ideologischer Überbau – ein Grundbestand generativer und das heißt ich-transzendierender Überzeugungen und Kontinuitätsvorstellungen, den jede Kultur braucht, um zu überleben.

Fortsetzung folgt:
Geschichten ohne Ende

Generative Kulturen erzeugen zunächst und vor allem Lebensbedingungen und ein soziales Klima, in dem Kinder geboren werden und überleben können. Sie sorgen für die materiellen und institutionellen Grundlagen – ausreichende, gesunde Ernährung, Schutz und Sicherheit, Wohnung, Bildungseinrichtungen. Aber sie fördern auch ein emotionales Klima, in dem Zuwendung und selbstlose, geduldige Fürsorge angesehene Werte sind. Eine Kultur muss sowohl Traditionen begründen und erhalten als auch offen sein für Reformen und Selbsterneuerung durch die Nachkommen. Um beide Ziele zu erreichen, muss bei ihren Mitgliedern ein »generatives Begehren« erzeugt werden: der intensive Wunsch, die Welt und die eigene Kultur zum Positiven zu verändern, Spuren zu hinterlassen, bei anderen Menschen in guter Erinnerung zu bleiben, Teil eines großen gemeinsamen Projekts gewesen zu sein.

Dieses Begehren ist im Grunde der Kern der sogenannten Großen Erzählungen, die der Philosoph François Lyotard als die heimliche Agenda von Gesellschaften ansieht. Große Erzählungen sind Geschichten, die die eigene Herkunft bekräftigen und mit einem Entwurf für die Zukunft verknüpfen. Um generativ zu sein, muss eine Kultur eine narrative Sinnstiftung betreiben, die auf die Zukunft gerichtet ist. Die Erzählung muss Antworten bieten auf die Fragen: Woher kommen wir? Wie geht es weiter? Was ist der Sinn unserer Arbeit, unseres Strebens?

Generative Geschichten lassen sich in unterschiedlichste Genres kleiden. Das *Epos* folgt biblischen oder homerischen Erzählmustern – wie etwa dem Auszug aus Ägypten (Exodus) oder der *Odyssee*. Das epische Erzählmuster des Exodus haben beispielsweise die Puritaner bemüht, um ihren Auszug aus England, das Überqueren eines Ozeans mit dem Ziel einer neuen Heimat in eine »erweiterte sinnstiftende Zugehörigkeit« (Erikson) einzubetten. Auch die Gründung des Staates Israel 1948 basiert auf dem Exodus-Muster: erlittene Verfolgung, Auszug, erfolgreiche Neugründung.

Gründungsepen beschwören die großen Taten der Vorfahren und verpflichten die Nachkommen auf deren

Werte und Ziele. Sie bieten Identifikation, Stolz, Zusammengehörigkeitsgefühl – und motivieren zur Fortsetzung des eingeschlagenen großen Weges. Zur Gründungserzählung taugt die Überquerung eines Meeres ebenso wie eine wissenschaftliche oder politische Revolution, eine religiöse Offenbarung, eine militärische Heldentat. Und selbst heroische Niederlagen eignen sich als Gründungsepos: Die Schlacht auf dem Amselfeld im heutigen Kosovo ist die konstitutive nationale Erzählung für die Serben.

Der *Ursprungsmythos* könnte als Variante des Gründungsepos angesehen werden, er rekurriert jedoch weniger auf eindeutige historische Fakten, sondern auf oft weit im mythischen Dämmer zurückliegende Heldengeschichten oder Sagen. Das deutsche Nationalgefühl, so geht einer dieser Ursprungsmythen, entstand durch den Sieg über die Römer in der Schlacht im Teutoburger Wald. Die Beliebtheit von Filmen wie *Star Wars* erklärt sich aus dem mythischen Erzählmuster, das verspricht zu erklären, wie alles anfing und warum es so kommen musste, wie es schließlich kam...

Selbst die Wissenschaften produzieren heute ihre besonderen Epen oder Mythen mit generativer Wirkung: John Kotre berichtet von einer Astronomin, die ehrfurchtsvoll davon sprach, wie der Urknall, der *Big Bang*, all die Elemente hervorgebracht habe, aus denen auch sie bestehe, und nun dürfe sie ihn studieren... Auch Darwins Entdeckungsreise, verewigt in *The Voyage of the Beagle*, kann als moderner Mythos herhalten. Oder das Genomprojekt: Wir entschlüsseln das Geheimnis des Lebens...

Nicht wenige Menschen leiten die Begründung des eigenen Tuns heute aus den Mythen der Wissenschaft ab.

Generative Erzählungen müssen jedoch für neue Generationen »anschlussfähig« sein und bleiben. Normalerweise verbinden sie sich mit den »persönlichen Fabeln«, wie der Entwicklungspsychologe David Elkind sie nennt: mit den Träumen und Fantasien, die in der Adoleszenz zur Persönlichkeitsentwicklung beitragen. Jugendliche wollen und sollen diese Fabeln und Träume idealerweise in eine große Erzählung, in diese Mischung aus Mythos und Historie, »einklinken« können. Aber das gelingt nicht immer – man könnte auch sagen: immer weniger.

Reale Lebensgeschichten wirken generativ, wenn sie exemplarisch einen Menschen vorführen, der das Leben und seine (generativen) Aufgaben gemeistert und Widerstände überwunden hat. In seinem Buch *Ich nicht* zeichnete Joachim Fest nach, wie sein Vater nicht nur den Nazis widerstanden, sondern seine Haltung auch an seinen Sohn weitergegeben hat. Der amerikanische Psychologe und Intelligenzforscher Howard Gardner porträtierte in seinem Buch *Leading Minds* den General George Marshall als den strategischen Kopf hinter dem Sieg der Alliierten gegen Nazideutschland. Seine historische Größe jedoch gewann Marshall durch den nach ihm benannten Plan, aufgrund dessen das zerstörte, hungernde, demoralisierte Europa – unter Einschluss Deutschlands – durch ein gigantisches Hilfsprogramm wiederaufgebaut wurde. Wegen dieses Plans wurde er von dem berüchtigten Hardliner Senator Joseph McCarthy als »Verräter« beschimpft, von anderen Kritikern als naiv und unrealistisch etikettiert. Marshall erhielt für sein generatives Handeln – »die konstruktivste Arbeit für den Frieden in diesem Jahrhundert«, wie es in der Begründung hieß – 1953 den Friedensnobelpreis.

In *Parabeln* über eine exemplarische Person verdichtet sich das Wissen, wie die Welt auf lange Sicht funktioniert: die Verkapselung all der mysteriösen Kräfte, die unser Schicksal beeinflussen, in einem Menschen. Solche Geschichten sind oft sehr vieldeutig, eher Projektionsflächen denn »wahre Lebensgeschichte« – man soll und kann das Eigene hineinlesen, wichtig sind die Weisheit und die enthaltenen Anleitungen zur Generativität.

Warngeschichten zeigen die Irrwege und die dunklen Seiten der Generativität: Sie ist nie wertfrei, sondern immer an einen Kontext von humanistischen, zivilisatorischen Geboten gebunden. Generativität, die nur der eigenen Gruppe, Ethnie oder Religion zugutekommt – bei gleichzeitiger Abwertung oder Ausgrenzung anderer –, ist nicht im Sinne des Erfinders. Die streng limitierte Fürsorge, die etwa Sektengurus und Gangsterbosse ihren »Familien« und Anhängern angedeihen lassen, sind Zerrbilder der Generativität.

Dieser Erzähltyp enthält Warnungen vor den inhärenten destruktiven Tendenzen in unserer Kultur: In dem berühmt gewordenen Stanford-Gefängnis-Experiment von Philip Zimbardo (und im darauf basierenden Film *Das Experiment* von Oliver Hirschbiegel, 2001) wird uns das sadistische Potenzial vor Augen geführt, das in uns allen schlummert. Das Ausgrenzen und Herabwürdigen der »anderen« ist nicht die exklusive Sache von Psychopathen, Rassisten oder Folterknechten. Grausamkeit ist häufig das Ergebnis einer Situation, eines bestimmten Arrangements: Studenten, die man durch Losentscheid zu »Gefängniswärtern« ernannte, quälten nach kurzer Zeit die ihnen anvertrauten »Gefangenen« so sehr, dass das Experiment abgebrochen werden musste.

Ähnliche Warn- und Aufklärungsfunktion besitzen Experimente, die unsere große Bereitschaft zu Konformität und Anpassung, unsere Verantwortungsabwehr und Gleichgültigkeit gegenüber anderen in Not, unsere tendenzielle Unbarmherzigkeit aufzeigen. Sie sind weniger empirische Beweise als Paradigmen menschlicher Verhaltensweisen: »So kann es gehen, wenn wir nicht aufpassen!« Warngeschichten dienen der Selbstaufklärung einer Gesellschaft und erhöhen das Bewusstsein für moralische Fehlentwicklungen, sie stiften an zur kritischen Selbstbeobachtung.

Neben den unterschiedlichen Erzählformen befördern auch lebende Menschen als Modelle das generative Klima einer Kultur, wenn sie Verkörperungen der »Geschichten« und damit der generativen Werte in dieser Kultur sind. Am deutlichsten sichtbar wird dies an den »Bewahrern des Sinns« *(keepers of the meaning)*. So nennt der Psychoanalytiker und Biografieforscher George Vaillant die Rolle, die Erwachsene zwischen der siebten und achten Erikson-Stufe, also im sechsten und siebten Lebensjahrzehnt, übernehmen sollten, etwa in Gestalt der »lebenden Legenden«, als Zeugen für eine positive Tradition, als lebender Mythos. Nelson Mandela ist die ideale Verkörperung einer solchen »lebenden Legende«.

In der generativen Gestalt des *Mentors* verdichten sich die unterschiedlichen Rollen des Förderers und Lehrers, Beraters und Sponsors. Die Protegés erhalten moralische und materielle Unterstützung, werden angeleitet, unterrichtet, gecoacht. Der Mentor bringt nicht nur laufende Projekte voran, sondern agiert auch als Entdecker von Talenten und Begabungen, die die Erneuerung der eigenen Kultur sichern.

Zu den generativen Modellfiguren zählen, das mag paradox erscheinen, auch die *Reformatoren*, also die bewussten Unterbrecher von Kontinuitäten und Traditionen, die sie für schlecht oder destruktiv halten. Dazu zählt der ganze Katalog von Unterdrückung, Unrecht, Aberglaube oder Missbrauch. Die Beseitigung von alten Zöpfen, von Entwicklungshemmnissen, weitergeschleppten Irrtümern ist per se generativ, wenn sie künftigen Generationen neue Entfaltungsspielräume und Glückschancen eröffnet.

Generative Figuren müssen nicht immer im Rampenlicht der Historie stehen. Oft wirken sie als unauffällige, aber wichtige Mitstreiter, Wegbegleiter, Katalysatoren und Förderer für bekanntere kreative Figuren. Sigmund Freud hatte besonders in den frühen, formativen Stadien seiner Entwicklung solche Gefärten in Josef Breuer und Wilhelm Fließ. Sie waren zwei Vertraute und Alter Egos, mit denen er sich austauschen und auch seine »verrückten« Ideen in einem geschützten Raum testen konnte. Solche Freundschaften bekommen die Qualität von Gedankenlabors, sie sind das Versuchsgelände für neue Ideen, Methoden, Theorien. Dabei ist das emotionale

Band, eine bestimmte Intimität zwischen den generativen Gestalten und ihren Protegés, von entscheidender Bedeutung.

Der Verlust der Großen Erzählungen ist oft gleichbedeutend mit dem Verlust auch der generativen Komponente, die in ihnen enthalten ist: Wozu das Ganze? Wie machen »wir« weiter? Soziologische und sozialpsychologische Diagnosen treten heute oft an die Stelle von Großen Erzählungen. Diese Diagnosen begründen zum einen, warum Epen oder Mythen verblassen und ihre Kraft verloren haben, sie untersuchen Fehlentwicklungen und Irrwege, und sie ersetzen sie durch Generationsbeschreibungen oder erklärende Formeln. Das geschieht besonders nach historischen Brüchen wie etwa nach dem Zivilisationsbruch der Nazizeit. Die Nazis haben das Bedürfnis nach einer Großen Erzählung auf extreme Weise missbraucht. Nach dem Krieg war deshalb jeder Versuch diskreditiert, gleich eine neue Erzählung zu finden: Die »skeptische Generation« verweigerte sich solchen Angeboten.

Der Transfer von Symbolen, Werten und Zielen von einer Generation auf die nächste(n) war unterbrochen. Die Große Erzählung der Elterngeneration war entlarvt als Legende, mit der größte Verbrechen begründet und vorangetrieben wurden. Der Achtundsechziger-Mythos gründet in erster Linie auf der Abrechnung mit der Vätergeneration, und er stilisiert den »zweiten Start« der Bundesrepublik nach der »Lüge von der Stunde null«, baut auf die Selbstinszenierung der Nachkriegsgeneration als diametralem Gegentypus zum autoritären Charakter der Väter, die willige Helfer, wenn nicht Täter waren.

Was ist unsere generative Erzählung heute? Gibt es trotz der Brüche in der deutschen Geschichte, einschließlich des Zivilisationsbruchs durch die Nazizeit, ein Leitmotiv, das die problematische Herkunft mit der Zukunft verbinden kann? Die sogenannte skeptische Generation der Flakhelfer hat sich, wie schon erwähnt, bewusst neuen »großen« Ideen verweigert, und die Bonner Republik verharrte jahrzehntelang im Windschatten der Geschichte. Ihr Gründungsmythos war die fiktive Stunde null, ihre Erzählung das folgende Wirtschaftswunder, die prägenden Gestalten waren Adenauer, Erhard und Brandt, der nach der »Keine Experimente!«-Phase das Projekt »Mehr Demokratie wagen!« formulierte.

Die Bundesrepublik schwankte eine Zeit lang hin und her zwischen emphatischem Aufbruch und nüchterner Geschäftstüchtigkeit. Für Helmut Schmidt, den Anhänger des *muddling through*, des pragmatischen Durchwurstelns, wie ihn der kritische Rationalismus vorgab, galt der Verzicht auf Große Erzählungen oder Projekte als angemessen: »Wer Visionen hat, sollte zum Augenarzt gehen!« In der DDR entstand derweil, »auferstanden aus Ruinen und der Zukunft zugewandt«, der Mythos des besseren, antifaschistischen Deutschland. Beide Minierzählungen münden mit dem Fall der Mauer 1989 und der Wiedervereinigung in einen kurzen Traum von einem anderen, friedlichen und doch mächtigen Deutschland. 1990 markiert den Beginn der »Berliner Republik« mit all ihren Widersprüchen und Lebenslügen wie den »blühenden Landschaften« und der fragwürdig begründeten Kriegsbeteiligung auf dem Balkan.

Der Soziologe Niklas Luhmann sprach von der »zwingenden Übernahme der Geschichte als Handlungsgrundlage«, er umschrieb damit die Erkenntnis: Niemand kann absolut von vorn anfangen. Wir sind ein gutes Stück die Gefangenen der Geschichte. Wir können sie leugnen, uns an ihr abarbeiten, sie zu einem guten Ende führen wollen und so weiter. Aber sie holt uns ein, sie prägt uns bis in den persönlichen Alltag hinein. Und der Philosoph Odo Marquard unterscheidet zwischen dem menschlichen »Minischicksal«, das vom *datum* bestimmt wird, also von den Daten und Fakten der persönlichen Biografie, und dem Maxischicksal des *fatum*, also den unabweisbaren Einflüssen des größeren Ganzen unserer Herkunft. Was heißt das für eine generative Fortschreibung des »deutschen Projektes«? Wie denken wir uns die Zukunft unserer Kinder? Denken wir überhaupt an sie?

Generativität als Kontinuität

Die Königin versteht es nicht: Sie soll nach London kommen, um die trauernden Massen zu trösten. Und zwar sofort – sonst drohe eine ernste Krise der Monarchie, insinuiert der Premierminister. Elizabeth II. von England verbringt den Sommer 1997 auf ihrem Schloss Balmoral in Schottland, als sie vom Unfalltod ihrer Ex-Schwiegertochter Diana (»Lady Di«) erfährt. Ein die Stimmung beflissen aufnehmender, gerade neu ins Amt gewählter Premier Tony Blair erhebt die Verunglückte zur »Prinzessin des Volkes« und drängt die Königin zu Gesten der Trauer, des

Mitgefühls, der Betroffenheit. Das ist im Wesentlichen der Plot des Films *Die Queen* (2006) von Stephen Frears. Die grandiose Helen Mirren verkörpert die Monarchin (und erhielt für diese Rolle 2007 einen Oscar als beste Hauptdarstellerin).

Das zentrale Thema ist der Konflikt zwischen zwei Haltungen: Auf der einen Seite kommt der entrückt und kühl wirkende Stoizismus der königlichen Familie zur Geltung (Ausnahme: Sohn Charles gibt sich »modern«, das heißt: gefühlsbetont, und ist nur zu bereit, dem Gefühlsäußerungen fordernden medialen Druck nachzugeben). Auf der anderen Seite stehen Forderungen einer modernen Stimmungsdemokratie, die Tony Blair im Zusammenspiel mit den Massenmedien verkörpert. Der Vorwurf der Gefühlskälte ist Wasser auf die Mühle der Antiroyalisten. Der degenerierte, verblödete, überprivilegierte Clan der Windsors und mit ihm die Institution der Monarchie sind – wieder einmal, diesmal vielleicht mit fatalen Folgen – ins Kreuzfeuer der Medien geraten.

Elizabeth beharrt auf ihrer Art, um die ungeliebte Prinzessin zu trauern, sie wahrt Contenance und sperrt sich fast eine Woche lang gegen den Wunsch, Gefühle öffentlich zu zeigen, um so ihr trauerndes Volk zu trösten (»Wir tragen das Herz nicht auf der Zunge, so bin ich erzogen worden«). Fassungslos wird sie erst angesichts der weltweiten Trauer, der wild schluchzenden Menschenmengen auf den Straßen Londons und der Blumenberge vor dem Kensington Palace, dem Wohnsitz Dianas. Schließlich gibt sie Blairs Drängen nach und stellt sich den trauernden Massen. Das tut sie jedoch in solcher

Würde, dass sie selbst glühenden Republikanern Respekt abnötigt.

Wie hängt Generativität mit Kontinuität zusammen? Ist es schon an sich wünschenswert, dass etwas weitergeht? Die Königin in Frears' Film (und auch die reale) steht für das Bewahren einer Tradition, die offenbar auch bei kritischer republikanischer Betrachtung mehr ist, als es auf den ersten Blick scheinen mag. Sicher, leerer Pomp oder sinnlos gewordene Rituale sind nicht generativ, im Gegenteil. Aber in der Historie haben sich die Symbole und Äußerlichkeiten als Halt in schwierigen Zeiten erwiesen, und in der Postmoderne stellt sich die Frage, ob nicht gerade das Entrücktsein eines Staatssymbols, in diesem Falle der Monarchin, ein politischer Wert an sich ist.

Jenseits des politischen Wettbewerbs in einer Stimmungsdemokratie, der vorwiegend die bedingungslos Ehrgeizigen, die windigen Gestalten, die Dem-Volk-aufs-Maul-Gucker anzieht, verkörpert die Queen buchstäblich etwas Übergeordnetes. Sie wirkt wie eine letzte Konstante in den turbulenten, unübersichtlichen Zeiten. Sie konserviert einen Stil, eine Haltung, eine Überparteilichkeit, die nicht den tagespolitischen Konjunkturen und einer mitunter zweifelhaften Modernität unterworfen sind. Der Autor John Paxman bekennt sich in seinem Buch *On Royalty* zum Gefühl der Ehrfurcht, das ihn angesichts dieser eisernen Pflichterfüllung ergriffen hat. Generativ daran ist womöglich die Konservierung der großen englischen Erzählung: *There will always be an England.* Es gibt Werte und Ziele, die nicht zur Disposition stehen und nicht Konjunkturen unterworfen werden sollten. Aber das ist nur möglich, wenn Integrität und Identität der Institution gewahrt bleiben. Zukunft braucht Herkunft, auf diese Formel brachte es der Philosoph Joachim Ritter: Um eine zukunftstaugliche, stabile Identität auszubilden, müssen wir unsere Ursprünge und Wurzeln erkennen und annehmen.

In Kunst, Literatur und Film ist der Urkonflikt zwischen Beharrung und Modernisierung ein wichtiges, ein ergiebiges Thema. Vorgeführt wird fast immer der prekäre Balanceakt zwischen Tradition und Innovation: Traditionen sind nicht grundsätzlich gut und nützlich, sie können Plunder und Ballast sein, für die Nachkommen ein lästiges, einengendes Erbe. Andererseits wird der Wert von Traditionen nicht nur oft verkannt, sie erscheinen schon per se verdächtig oder fragwürdig in der beschleunigten, globalisierten Welt von heute. Traditionen werden reduziert auf eine verstaubte »Brauchtumspflege« oder nostalgisches Erinnern. Ansonsten greift eine »Alles muss raus!«-Mentalität um sich.

Ein Kriterium für die gelungene Balance zwischen Tradition und Innovation ist: Wie generativ ist die Mischung? Generative Kulturen erzeugen Milieus, in denen sich Kinder optimal entfalten können – das heißt, in denen sie sukzessive die Ich-Stärken Vertrauen, Hoffnung, Autonomie, Initiative, Fleiß, Identität entwickeln können. Diese Stärken sind schließlich die Bausteine der späteren eigenen Generativität des reifen Erwachsenendaseins. Und ein generatives Klima schließt mit ein, dass man sich auch von überkommenem Brauchtum befreien und neue, eigene Traditionen begründen darf, ohne sich den Zorn der Alten zuzuziehen.

Das kulturelle Gedächtnis ist eines der wichtigsten generativen Medien. Unsere Speichermedien sind nicht nur Archive, Datenträger, Festplatten voller Bits und Bytes und andere Techniken, sondern vor allem auch »Körperschaften« – die lebenden Institutionen und Organismen einer Kultur. Ein Verlag, zum Beispiel, ist ein Medium des kulturellen Gedächtnisses, und sein wirtschaftliches Ende oder seine Veräußerung kann dieses Gedächtnis löschen. Der Journalist Georg Seeßlen schreibt in einem Kommentar zu der 2006/2007 eine Zeit lang drohenden Übernahme des Suhrkamp Verlages durch eine bestimmte Art von Investoren: »So geht es *à la longue* um die Löschung des Gedächtnisses. Die Ersetzung einer Kultur des Historischen (einer historischen Kultur) durch das globale, zeitlose Medium. Auch deshalb muss das neue, virtuelle Geld ein Unternehmen alter, mühsamer Mehrwerterwirtschaftung vernichten wollen, weil es ein Speichermedium ist, weil es Geschichte erzeugt und sogar, da sind wir wieder bei der Nostalgie, gerade von der Zukunft spricht, die der Kapitalismus nicht hat. Denn es geht nicht nur ums *delete* der Weltgeschichte, sondern auch seiner eigenen Geschichte: Das Verlagshaus als Idealfall eines ›bürgerlichen Unternehmens‹ stört schon als Reliktmodell. Suhrkamp muss als Speichermedium des Geistes, aber auch als Speichermedium seiner selbst vernichtet werden ...«

Generativität bedeutet auch, sich immer wieder der Frage nach dem Sinn von »Fortsetzungen« zu stellen: Was wollen wir an Traditionen und Beständen bewahren? Welche Ideen und Versatzstücke der Kultur sind es wert, erhalten zu werden – nicht um uns selbst ein Denkmal zu setzen, sondern um der Welt nach unseren Maßstäben als einer lebenswerten, kulturell vielfältigen Bestand zu geben? Was kann denen, die nach uns kommen, als Bausteine – oder wenigstens als Spolien – ihrer neuen Gebäude nutzen?

Wie sich Generativität selbst belohnt

Annika H. ist eine äußerst begabte Pianistin von hoher Virtuosität und immensem Fleiß. Sie hatte sich schon in jungen Jahren für einen künstlerischen Lebensweg entschieden und hoffte in ihren Zwanziger- und Dreißigerjahren, ermutigt durch zahlreiche Preise, auf einen Durchbruch als Orchesterpianistin. Nun, kurz vor dem Eintritt ins fünfte Lebensjahrzehnt, muss sie sich eingestehen, dass dieser Traum wohl ausgeträumt ist angesichts der immensen Konkurrenz ständig nachdrängender Talente vor allem aus Osteuropa und Asien. Sie hält sich über Wasser durch kleinere Konzerte und durch zeitlich begrenzte Lehraufträge an einer Musikhochschule. Ihre Frustration ist in den letzten Jahren gewachsen, sie beklagt sich über das raue Klima im Musikgeschäft und die öde Routine an der Hochschule, wo es, wie sie sagt, weniger auf die Musik als auf erfolgreiche Selbstdarstellung und geschicktes Paktieren ankomme.

Sie könnte so weitermachen, um den Preis, dass sie mehr und mehr in eine langweilige Routine hineingerät. Bevor sie eines Tages endgültig in Verbitterung versinkt, hat sie etwas Neues für sich entdeckt: Die Arbeit mit Kindern macht ihr Freude. Bei einem kurzen Gastspiel in einer Schule hat sie bemerkt, wie begeisterungsfähig Kinder sein können und wie gut es ihr selbst gelingt, ihnen etwas beizubringen. Sie will gar keine Supertalente entdecken, die Befriedigung an dieser Arbeit liegt darin, den Spaß der Schüler zu spüren und ihnen die Musik mit auf den Lebensweg zu geben. Und so hat sie sich entschieden, die Stelle einer Musiklehrerin in einer rheinischen Großstadt anzunehmen.

Generativität besteht im Wesentlichen in der schrittweisen Abkehr des reifen Erwachsenen vom Egozentrismus der (Existenz-)Gründerjahre: Wir lernen nun, von uns selbst abzusehen und unsere Kraft und Kenntnisse in das größere Ganze und in die Fürsorge für künftige Generationen zu investieren. Diese Fürsorge erscheint als Welt-Interesse und Welt-Zuwendung, und sie wirkt nicht nur positiv auf deren Empfänger, auf Kinder, Schüler, Schützlinge oder die Zukunft der Menschheit insgesamt. Sie fördert nicht nur »nachhaltig« Individuen und Institutionen. Die zentrale Tugend des Erwachsenenalters trägt ihren Lohn in sich: Generativität wirft auch beträchtlichen Nutzen für die Generativen ab – als Zugewinn an psychischem und sozialem Wohlbefinden und seelischer Gesundheit für den »Rest des Lebens«.

Was will ich in die Welt entlassen, wofür soll mich die Nachwelt schätzen? Generativität muss sich eine »ökologische Nische« suchen, in der sie optimal wirken kann. Das bedeutet, dass unter den möglichen Projekten eine Auswahl getroffen werden muss. Nicht alles ist machbar oder sinnvoll, vieles muss verworfen werden. Und nicht alle »Kinder« werden so, wie der »Erzeuger« sie haben wollte: Manches generativ geförderte Produkt, die »fruchtbare Idee«, entwickelt sich zum Albtraum seines Schöpfers. Die gute Absicht kann schreckliche Folgen haben: Martin Luther verdammte die »räuberischen Horden der Bauern«, die seine Lehre von der Freiheit des Christenmenschen falsch verstanden oder allzu wörtlich nahmen und sich gegen ihre Unterdrücker erhoben.

Wahrlich nicht alle kreativen Akte qualifizieren sich später als generativ. Wissenschaftler plagen sich häufig mit den absehbaren und unabsehbaren Folgen ihrer Entdeckungen, die die Menschheit bereichern sollten. Die »friedliche Nutzung der Kernenergie« ist so eine Geschichte: Werner Heisenberg schildert in seinen Erinnerungen *Der Teil und das Ganze* die seelischen Qualen, die Otto Hahn litt. Dessen große Tat, die Spaltung des Uranatoms, hat die Pforten der Hölle geöffnet. Das reine Gold einer absoluten Generativität ist kaum zu haben. Selbst bei den exemplarischen Figuren der eriksonschen Theorie ist es legiert. Ein säkularer Heiliger wie Gandhi legte häufig einen strengen, selbst für seine Anhänger schwer erträglichen Moralismus an den Tag.

Der Gegenpol von Generativität im Krisenszenario der eriksonschen Lebensspanne ist *Selbstabsorption* und *Stagnation*: Ohne generatives Bemühen dominiert allmählich das Gefühl, das Leben habe, trotz großer Anstrengungen, trotz einiger Erfolge und trotz intensiver Beschäftigung mit sich selbst, nicht mehr viel zu bieten. Generativität ist das Gegenmittel für die seelische Mühsal des Alterns – sie wappnet gegen die Gefühle des Überflüssigseins, der Vergeblichkeit und der Nutzlosigkeit. In den späten Lebensjahrzehnten wirkt die zuvor gelebte Generativität wie ein Puffer gegen Depression und Verzweiflung: Ich habe etwas Bleibendes hinterlassen, etwas Sinnvolles getan.

Was Erikson in seiner Stufentheorie der Lebensaufgaben nur aufgrund von Fallstudien und Beobachtung vermutete, ist durch die großen Längsschnittstudien des amerikanischen Psychoanalytikers George E. Vaillant empirisch bestätigt worden: Er hat Biografien und Persönlichkeitsentwicklungen in mehreren Gruppen über lange Zeiträume hinweg regelmäßig protokolliert, beginnend in der Spätadoleszenz über das frühe und mittlere Erwachsenenalter hinweg bis ins hohe Alter. Vaillant hat herausgefunden, dass generative Menschen zufriedener und glücklicher sind als nichtgenerative. Sie weisen höhere Grade an Selbstwertgefühl auf und besitzen jenen »Sinn für Zusammenhang«, der gegen Depressionen, Entfremdung, Verzweiflung und Angst schützt und vor allem auch die körperliche Gesundheit begünstigt.

Bildung erwies sich in vielen Studien als gute Voraussetzung für spätere Generativität: Gebildete und erfolgreiche Menschen spüren eher als ungebildete die Verpflichtung oder den Drang, der Gesellschaft etwas »zurückzugeben«. Aber Bildung ist keine notwendige Bedingung – Vaillant verweist auf zahlreiche Fallbeispiele »einfacher« Menschen, die in ihrer Einflusssphäre ein Höchstmaß an generativer Aktivität praktizieren.

Das Maß an generativen Haltungen und Aktivitäten eines Menschen erlaubt die beste Prognose hinsichtlich der Qualität seines Alters, vor allem in psychischer Hinsicht. Generativität ist die Grundbedingung für »gutes Altern«. Sie ermöglicht es, das eigene Leben »so, wie es war«, zu akzeptieren und Erfüllung und Sinn darin zu finden. Gelingendes Altern zeigt sich in geistiger Gesundheit und stabilen Beziehungen zu anderen Menschen.

All das ist erreichbar, so bestätigen es große Längsschnittuntersuchungen, durch die Sequenz von erfolgreich bewältigten, zentralen Lebensaufgaben des Erwachsenen: »Von zwanzig bis dreißig habe ich gelernt, mich mit meiner Frau zusammenzuraufen und eine gute Partnerschaft mit ihr aufzubauen. Von dreißig bis vierzig habe ich gelernt, wie man im Beruf vorankommt. Von vierzig bis fünfzig habe ich gelernt, mich weniger um mich selbst, sondern mehr um meine Kinder zu kümmern.« So fasst ein »gut gealterter« Achtundsiebzigjähriger seine frühen und mittleren Lebensjahrzehnte zusammen. Zuerst kommen Aufbau und Pflege einer Partnerschaft, dann die Sorge um den beruflichen Erfolg und die Konsolidierung der eigenen Existenz und schließlich das Ausgreifen der Fähigkeiten und Intentionen über das eigene Leben hinaus.

Diese altruistische Wende, die spätestens im fünften Lebensjahrzehnt beginnen sollte, gelingt dann am besten (und ist erst dann wirklich sinnvoll), wenn sich das Selbst gefestigt und bewährt hat – wenn wir etwas gelernt, gesammelt, erfahren haben und es nun weitergeben können. Generativ können wir werden, wenn wir reife Erwachsene geworden sind. Der Biografie- und Generativitätsforscher Dan McAdams hat generative und wenig generative

Erwachsene in einer Studie miteinander verglichen. Als Maß für Generativität zog er konkretes generatives Handeln heran: Jugendlichen etwas Wichtiges beibringen, sich für den Erhalt von historischen Gebäuden oder für Naturschutz einsetzen, künstlerische Arbeit, aber auch banalere Aktivitäten wie Blutspenden oder Kindern bei den Hausaufgaben helfen. Die Generativen unterschieden sich von den nicht oder wenig Generativen durch ihre »moralische Festigkeit«. Sie verfechten ihre Überzeugungen bis zur Sturheit und werden nur wenig von Selbstzweifeln oder Ängsten geplagt.

Wenn Generativität nicht gelebt wird

In dem Film *About Schmidt* (nach dem Roman *Schmidt* von Louis Begley) verkörpert Jack Nicholson die Tragik des kaltgestellten, abservierten Rentners. Ziellos, ratlos und zunehmend verzweifelt irrt er durch sein Leben. Das riesige Wohnmobil, mit dem er sich nach dem Tod seiner Frau auf eine Reise quer durch Amerika macht, ist das Symbol einer Unbehaustheit und Wurzellosigkeit, die ihm immer mehr zu schaffen macht. Er durchlebt das Drama des nichtgenerativen Menschen, der bis in sein Alter vor sich hin gelebt, sich nicht für andere interessiert hat. Vergeblich versucht er nun, sich ins Leben seiner Tochter einzumischen und sie vor einer vermeintlichen Mesalliance zu bewahren. Er macht die schmerzliche Entdeckung, dass nichts von ihm Spuren hinterlassen hat: Freundschaften sind in die Brüche gegangen, die eigenen Kinder lehnen seinen Lebensstil ab, selbst seine Akten werden am Tag nach seiner Pensionierung entsorgt. An seinen beruflichen Erfahrungen hat niemand Interesse und auch nicht an seinen privaten »Lebensweisheiten«.

Schließlich macht er wenigstens seinen Frieden mit der Tochter, und in einer besonders anrührend-deprimierenden Szene findet er schließlich zu einer Kümmerform von Generativität: In einer Spenden-Patenschaft für einen kleinen afrikanischen Jungen praktiziert er eine vielleicht entfremdete, minimale Fürsorge. Die Ironie der Szene liegt darin, dass schon dieses Spurenelement von Generativität ihm etwas zurückbringt, auch wenn es nur ein Tränen treibender, ihn erschütternder Brief des auf einem anderen Kontinent lebenden Jungen ist. Generativität funktioniert reziprok: Wer gibt, dem wird gegeben ...

Eine positive Lebensbilanz durch gelebte Generativität ermöglicht die erfolgreiche Bewältigung der letzten Lebensaufgabe – *Integrität*. Damit ist die Abrundung und Sinngebung der eigenen Lebensgeschichte gemeint. Die Integrität gründet auf dem Gefühl, einen Beitrag zum großen Ganzen geleistet zu haben, trotz der unvermeidlichen Irrtümer und Enttäuschungen im Leben. Integrität ist die Frucht der sieben vorangegangenen Entwicklungsstufen, insbesondere der Generativität: Es fällt uns leichter, das eigene Leben anzunehmen und im Angesicht seines Endes nicht zu verzweifeln, wenn man »seine Sache getan« und eine Spur seines Erdendaseins hinterlassen hat.

In der letzten Lebensphase beschäftigen wir uns mit Bilanzen, Bewertungen, Reflexionen und Revisionen der eigenen Biografie. Kaum jemand nähert sich seinem Ende ohne Bedauern, ohne Ängste oder Zweifel. Die Kohärenz des eigenen Lebensentwurfes steht nun infrage. Aber unbewusste Todesfurcht macht uns zu schaffen und vergrößert die Verzweiflung, wenn wir das Leben nicht gelebt und zu vieles versäumt haben. Nun bleibt keine Zeit mehr, etwas zu reparieren oder Versäumtes nachzuholen. Verbitterung, Verzweiflung und Hypochondrie sind die Begleiter dieser letzten Phase, wenn man das Leben nicht loslassen kann, weil es nicht »vollständig« ist.

Generativität ist eine Haltung, die im günstigen Falle auch im fortgeschrittenen Alter aktiv und geistig beweglich hält. Wer ein generatives Projekt gefunden hat, will es so lange wie möglich fortsetzen oder begleiten. Der vorzeitige Rückzug in Altersreservate und das willentliche Vermeiden von Kontakten zu Jüngeren, wie es etwa in vielen der *gated communities*, der luxuriösen Altengettos, bereits üblich ist, kann als Symptom von nichtgenerativem Altersegoismus gedeutet werden.

Generativität ist soziales Kapital

Generativität hängt eng zusammen mit der Bildung von Sozialkapital, also dem Aufbau tragfähiger, auf Vertrauen gegründeter menschlicher Beziehungen und Netzwerke in der Zivilgesellschaft – mit dem Ziel, die Welt zu verbessern, Missstände zu beseitigen, Ungerechtigkeit zu bekämpfen. »Ein Gemeinwesen ist so reich, wie es Zusammenhänge stiftet«, schrieben Oskar Negt und Alexander

Kluge. Generativität stiftet Zusammenhänge, die in die Zukunft weisen und denen nützen werden, die nach uns kommen. Der amerikanische Soziologe Robert D. Putnam hat in seinem Buch *Bowling Alone* die Folgen der Individualisierung beschrieben, die die modernen Gesellschaften erfasst hat. Im Bild des allein Kegel schiebenden Individuums verdichtet sich für ihn das Dilemma des Individualismus moderner Prägung: Wir reduzieren unsere Zusammenhänge und Bindungen an Familien, Gruppen und Gemeinschaften immer stärker, und als Vereinzelte verlieren wir damit auch unser *soziales Kapital.* Das Sozialkapital ist die Summe der zwischenmenschlichen Beziehungen, die unser Leben nicht nur lebenswerter machen, sondern uns auch schützen, trösten, aufbauen, heilen oder in Krisen unterstützen.

Die Diagnose »schleichender Verlust von Sozialkapital« ist bedrückend genug. Umso wichtiger ist die Wiederbelebung der Fähigkeit, Bindungen zu stiften und soziales Kapital zu bilden. Putnam hat, unüblich für einen Wissenschaftler, ein Projekt gestartet, das die Bildung von neuem Sozialkapital vorantreiben soll. Auf der Website *bettertogether* sammelt er per Internet die »Hunderte von kleinen und großen Aktionen, mit denen wir soziales Kapital anhäufen können«. Eine erste Liste umfasst »150 Dinge, die du tun kannst, um soziales Kapital aufzubauen«.

Bemerkenswert ist, dass sich darunter neben »nur« altruistischen oder gemeinschaftsförderlichen Aktivitäten wie Blutspenden oder Chorsingen viele ausgesprochen generative Handlungsanleitungen finden, zum Beispiel:

8. Werde Mentor für ein Mitglied einer anderen ethnischen oder religiösen Gruppe.

10. Nimm die frühesten Erinnerungen deiner Eltern auf Tonband auf, und höre sie mit deinen Kindern an.

18. Besuche die Veranstaltungen, wo deine Kinder Sportwettkämpfe austragen, schauspielern, tanzen oder musizieren.

19. Lerne die Lehrer deiner Kinder kennen.

52. Lies deinen Kinder vor.

114. Rufe eine Tradition ins Leben.

125. Sammle Geld für den Ausbau der lokalen Bibliothek.

So banal und alltäglich diese bürgerschaftlichen Aktivitäten auch erscheinen mögen, in ihrer Summe bilden sie das soziale Gewebe, ohne das wir allmählich zu »allein kegelnden« Autisten werden.

3. In der Mitte des Lebens
Wie Erwachsene sind
und wie sie sein sollten

Völlig unvorbereitet treten wir in den Nachmittag des Lebens; schlimmer noch, wir machen diesen Schritt in der falschen Annahme, dass uns unsere bisherigen Wahrheiten und Ideale auch weiterhin dienen werden. Aber wir können den Nachmittag des Lebens nicht entsprechend dem Programm des Lebensmorgens leben, und was am Morgen eine Wahrheit war, wird am Nachmittag zur Lüge.

CARL GUSTAV JUNG, *DIE STUFEN DES LEBENS*

Sich in der Mitte seines Lebens zu befinden – das ist ein bisschen wie die »Halbzeit« auf einer Reise, die Mitte eines Sommers, eines Buches oder eines anderen Projekts: Man blickt schon mal zurück auf das, was hinter einem liegt. Und man wirft einen Blick voraus auf das, was noch kommen wird, was noch zu erledigen ist. Das typische Gefühl »in der Mitte« von etwas ist: Ich habe bereits eine Menge Zeit und Energie in diese Sache investiert, umso sorgfältiger will ich den Rest planen und das Ganze zu einem guten Ende bringen. Längst nicht jeder hält sich in der Lebensmitte mit tiefschürfenden Reflexionen auf. Aber die meisten Menschen beginnen in ihren mittleren

Jahren doch damit, die zurückgelegte Wegstrecke zu bewerten und die restliche mit einer Mischung aus Zuversicht und ängstlichen Bedenken ins Auge zu fassen.

Solche Betrachtungen unterscheiden sich noch deutlich von denen, die wir im späteren Alter anstellen. Je älter wir sind, desto ausschließlicher geht der Blick zurück und zielt auf Bilanz und Gesamtbewertung. In der Lebensmitte jedoch haben wir noch eine Agenda; noch bleibt eine beträchtliche Spanne Leben; noch ist genügend Zeit, um wesentliche Dinge zu planen und auszuführen. Noch ist Zeit, Spuren zu hinterlassen.

Aber es ist nicht mehr die endlos scheinende Zeit der frühen Jahre, mit der man so verschwenderisch umgehen konnte. Und schließlich kennen wir nicht den Schlusspunkt, der immer näher rückt. Was die restliche Zeitspanne betrifft, können wir nur schätzen und hoffen. Jetzt geht es darum, das Beste aus diesem substanziellen Rest an Zeit zu machen, ökonomisch und »sinnvoll« mit den verbleibenden Jahren umzugehen. Die Lebensmitte ist der natürliche Punkt, an dem wir beginnen, neue Prioritäten zu setzen, Wesentliches vom Unwesentlichen schärfer zu unterscheiden, Ballast abzuwerfen, vielleicht noch einmal letzte Kursänderungen vorzunehmen. Wir stellen nun – bewusst oder unbewusst – die Weichen für das Alter.

Die psychischen Veränderungen in der Lebensmitte beginnen uns genauso zu beschäftigen wie die körperlichen. Unsere Gedanken kreisen nun häufiger um Vergangenes als früher. Wir werden introvertierter, überprüfen Ansprüche und Erreichtes, verfehlte und noch anzustrebende Ziele. Wir lassen immer öfter Siege und Niederlagen, Erfolge und Enttäuschungen Revue passieren – und versuchen sie in unser Selbstbild zu integrieren. Und wir suchen und erproben erzählerische Formen, um das bisher Erlebte in unsere Lebensgeschichte einzupassen. Die Zwischenbilanz sollte jedoch nicht schon zur Abschlussbilanz geraten – etwa in dem Gefühl, nun sei »alles gelaufen«. Die Gefahr des mittleren Alters liegt darin, sich geistig und seelisch zur Ruhe zu setzen oder sich zum Gefangenen der eigenen Vergangenheit zu machen. Vor beiden Gefahren bewahrt uns der generative Impuls, wenn wir ihn erkennen, kultivieren und zur Entfaltung bringen.

Irgendwo dazwischen:
das übersehene Alter

In der europäischen Malerei spielte die allegorische Darstellung der menschlichen Lebensalter immer eine herausragende Rolle. Auffällig ist, wie häufig in den Werken der großen Meister das mittlere Erwachsenenalter ausgespart bleibt. Beispielhaft dafür ist Tizians Gemälde *Die drei Lebensalter*, entstanden um 1512: Es zeigt im Vordergrund ein verliebt turtelndes junges Paar, rechts schlafende und spielende Kinder, und im Bildhintergrund meditiert ein Greis über den nahenden Tod. Die sogenannten besten Jahre des Erwachsenenalters erschienen Tizian offenbar nicht der Darstellung wert.

Die Lebensmitte blieb bis weit in die Neuzeit hinein ein auffällig ausgespartes Thema, vielleicht auch deshalb, weil die menschliche Lebensspanne insgesamt früher recht kurz war. Das reife Erwachsenenalter, die Zeit zwischen vierzig und fünfundsechzig, erschien im Vergleich zur dynamischeren Kindheit und Jugend als eine relativ gleichförmige und ereignisarme Wegstrecke. Die Entwicklung der Persönlichkeit galt spätestens mit dem Erreichen des jungen Erwachsenenalters als abgeschlossen. Von nun an ging alles seinen vorgezeichneten Gang. Selbst das hohe Alter, das selten genug erreicht wurde, erschien künstlerisch, wissenschaftlich oder psychologisch weitaus interessanter als die mittleren Jahre. Immerhin ging vom Greisenalter eine morbide Faszination aus – mit all seinen Verfallserscheinungen und der Konfrontation mit dem Ende.

Die Jahrzehnte dazwischen jedoch blieben *terra incognita* auf der Karte der menschlichen Lebensspanne. Das gilt vor allem für die Psychologie: Abgesehen von einem kurzfristigen Hype in den siebziger Jahren um die *midlife crisis*, die »Krise in der Lebensmitte«, haben sich Entwicklungspsychologen vorwiegend auf die vermeintlich entscheidenden und spannenderen Phasen Kindheit, Pubertät und Adoleszenz konzentriert. Und selbst das hohe Alter ist inzwischen weitaus besser erforscht als die Lebensmitte. Es gab zudem einen ganz banalen, praktischen Grund, warum sich die Wissenschaften so wenig um das mittlere Erwachsenenleben gekümmert haben: Wer »mitten im Leben« steht, hatte in der Wahrnehmung der Forscher schlicht keine Zeit, um an langwierigen Untersuchungen, Befragungen oder Experimenten teilzunehmen. Warum sollte man also Menschen von ihrer Arbeit und von ihren Familien abhalten, wenn ohnehin nichts Weltbewegendes an Ergebnissen zu erwarten war?

An der relativen Ignoranz hinsichtlich der Psychologie des Erwachsenenlebens ist Sigmund Freud nicht ganz unschuldig. Er beschrieb die frühe Kindheit als die den Menschen entscheidend prägende Lebensphase – das Kind ist der »Vater des Erwachsenen«. Im Erwachsenenleben sah Freud im Grunde nichts anderes als einen langen Epilog zum ödipalen Drama der frühen Jahre. Die Kindheit lässt uns für den Rest des Lebens nicht mehr los und prägt unser Erwachsenenverhalten, wenn auch oft auf undurchschaute Weise. Wesentliche Veränderungen oder gar neue Entwicklungen jenseits der Pubertät zog Freud nicht in Betracht – in seinem Persönlichkeitsmodell schlagen wir uns zeitlebens mit den Folgen des frühen Triebschicksals herum, und das Beste, was wir erreichen können, ist, das Realitätsprinzip tapfer zu schultern, unsere Neurosen aufzuarbeiten und nicht allzu oft zu regredieren.

Zu Freuds Zeit betrug die durchschnittliche Lebenserwartung fünfzig Jahre. Und noch bis weit ins 20. Jahrhundert hinein galt ein Fünfzigjähriger als alt. Heute markieren fünfzig Jahre zwar noch nicht arithmetisch die Halbzeit, sehr wohl aber die »gefühlte«, die psychologische Mitte des Lebens. Fünfzigjährige fühlen sich heute »auf der Höhe der Zeit« und können im Durchschnitt mit dreißig weiteren Lebensjahren rechnen.

Der »Nachmittag des Lebens«, wie Carl Gustav Jung das mittlere und fortgeschrittene Erwachsenenleben nannte, galt also in Wissenschaft und öffentlichem Bewusstsein lange als eine Zeit der relativen Kontinuität: Der Mensch hat ein Hochplateau erreicht, und wenn ihm dies bei geistiger und körperlicher Gesundheit gelungen ist, erlebt er nun seine »besten Jahre«. Auf der Höhe seines Könnens und Wissens folgt sein Leben einem gewissen Gleichmaß. Das Ich des Mittelalten hat sich gefestigt, wenn nicht verfestigt, seine Fähigkeiten und Potenziale sind ausgereizt. Kaum noch Dramatisches ereignet sich jetzt, wenn man diese Phase mit den Krisen der Pubertät oder den Turbulenzen des frühen Erwachsenenalters vergleicht.

Die relative Stabilität des Erwachsenenlebens, die sich nicht selten auch als Monotonie und Langeweile erweist, wurde sogar als Ursache dafür angesehen, dass einige Erwachsene in eine *midlife crisis* treiben: Die Gleichförmigkeit, wenn nicht gar Stagnation in den mittleren Jahren ist so verstörend, dass die Frage auftaucht, ob man nicht doch Wichtiges im Leben versäumt hat. Die Dramen und Abenteuer der jungen Jahre erscheinen im Licht des Spätnachmittags umso verlockender.

Den Laden zusammenhalten

In einer alten Anekdote wird der Kern des Erwachsenenlebens freigelegt: Sie erzählt von einem Mann, einem Dorfkrämer, der schwer erkrankt ist und im Sterben liegt. Er liegt mit geschlossenen Augen auf dem Bett, um ihn herum haben sich die Angehörigen versammelt, und seine Frau flüstert dem Sterbenden die Namen all der Familienmitglieder ins Ohr, die gekommen sind, um von ihm Abschied zu nehmen. Plötzlich richtet sich der Mann abrupt auf und schreit: »Und wer kümmert sich um den Laden?«

Den Geschäften nachgehen, den Laden zusammenhalten: Das ist die Sache der Erwachsenen, sie müssen die »Dinge des Lebens« am Laufen halten. Ihre Aufgabe ist die »Aufrechterhaltung der Welt«, wie es in einem Sanskrit-Text heißt. Das reife Erwachsenenalter ist die siebte Phase in Eriksons Modell des Lebensbogens, die Phase, in der die Generativität zum Leitmotiv werden sollte. Sie schließt die Fähigkeit ein, eine Mittlerrolle zwischen Jugend und Alter, zwischen den Generationen einzunehmen. Und schließlich vollendet der Erwachsene durch Generativität auch seine Identität, indem er sie fruchtbar macht: All das, was seine Identität ausmacht, seine Erfahrungen, seine Werte und Ideale, sein Wissen muss er nun weitergeben.

Der zentrale innere Konflikt der mittleren Jahre ist der Widerstreit zwischen *Generativität* und deren negativen Gegenpolen, nämlich *Selbstabsorption* und *Stagnation*. Diese »Kernpathologien« des Erwachsenen, vor allem das Gefühl, auf der Stelle zu treten, sind nicht völlig vermeidbar. Es ist normal, in dieser Phase des Lebens gelegentlich an der Richtigkeit des zurückgelegten Weges zu zweifeln. Es ist normal, sich um seine Gesundheit und seinen Lebensstandard zu sorgen und nun endlich die Früchte der bisherigen Lebensarbeit ernten zu wollen. Auch Gefühle des Stillstands sind normal, ebenso wie die allmählich aufkeimende Angst vor dem »Abstieg« in das Alter.

Die Sorge um den Verlust an Vitalität, Einfluss oder Lebensgenuss ist selbst denen nicht fremd, die in ihren besten Jahren noch in besonderem Maße produktiv und kreativ sind. Umso wichtiger ist es, von sich selbst absehen zu können und neue – generative – Felder der Aktivität für sich zu entdecken. Wenn die alterstypische Krise nicht zugunsten der Generativität gelöst wird, wenn die Wende zu einer neuen altruistischen und generativen Lebensweise nicht gelingt und die Stagnation dominiert, wird das mittlere Alter zu einer beschwerlichen, niederdrückenden Lebensphase.

Man kann heute jedoch nicht mit normativer Selbstverständlichkeit über Generativität sprechen, ohne über das Erwachsensein und dessen Krise in unserer Kultur zu reden. Wenn es einen Mangel an generativen Haltungen gibt, vielleicht sogar eine Krise der Generativität, hängt das mit dem neuen Status des Erwachsenseins zusammen. Die heutigen Erwachsenen sind vielleicht deshalb nicht ausreichend generativ und tun sich außerdem besonders schwer mit dem Älterwerden und mit dem Gedanken an ihr biologisches Ende, weil sie noch gar nicht erwachsen geworden sind. Was ist das überhaupt – »erwachsen«?

Die »postmaterielle Generation«

> *Die besten Jahre kommen nach fünfundvierzig.*
> *War doch mit Deutschland genauso.*
>
> STROMBERG

Das Erwachsenenleben ist erst seit etwa zwei Jahrzehnten ein großes Thema für Psychologie und Sozialwissenschaften, aber auch für Literatur und Kunst geworden.

Dafür hat vor allem die Generation der zwischen 1946 und 1964 Geborenen gesorgt. Sie sind es, die jetzt »in die Jahre« kommen, die die Verantwortung für die »Aufrechterhaltung der Welt« spüren und sich mit der eigenen Vergänglichkeit konfrontiert sehen. Warum sollten aber ausgerechnet die Babyboomer mehr als vorangegangene Generationen an ihrem eigenen Alterungsprozess interessiert sein? Was hat bei ihnen die Reflexion und Erforschung dieser Lebensphase besonders stimuliert?

Es gibt ein ganzes Bündel von demografischen, historischen und kulturellen Faktoren, die dazu beigetragen haben, dass sich die Nachkriegsgeneration so intensiv mit ihrem eigenen Erwachsenenleben befasst. Zum einen ist sie in vielen westlichen Ländern, auch in Deutschland, zahlenmäßig weitaus größer als vorangegangene und nachfolgende Generationen. Allein ihre schiere Zahl hat die Lebensbedingungen verändert und, unter anderem, zu einem intensiven Konkurrenzkampf um Jobs und Lebenschancen geführt.

Eine Reihe von historischen Veränderungen hat diesen Wandel im Verhältnis zum eigenen Älterwerden eingeleitet. Die umfassendste Erklärung lieferte der Soziologe Ronald Inglehart in seiner durch zahlreiche internationale Studien untermauerten Theorie der *postmateriellen Gesellschaft*: In den Ländern des industrialisierten Westens hat nach dem Zweiten Weltkrieg und vor allem in den siebziger Jahren ein fast ungebrochen anhaltendes Wirtschaftswachstum einen bis dahin ungeahnten Wohlstand für eine Mehrheit der Bevölkerung gebracht. Selbst kleinere ökonomische Krisen haben den Glauben an einen generellen Fortschritt nicht erschüttert. In dem Maße, in dem das »Sein« – also die wirtschaftliche Existenz – gesichert erschien, wandten sich größere Teile der Bevölkerung, die Avantgarden und die Jugend vor allem, dem »Bewusstsein« zu: den individuellen Werten der Selbstentfaltung und des Selbstausdrucks und der viel gescholtenen »Selbstverwirklichung«.

Ein sogenannter Individualisierungsschub hat den Einzelnen von sozialen Zwängen, Traditionen und Bindungen weitgehend befreit – er besitzt heute größere Freiheitsgrade in der Wahl der Lebensentwürfe als seine Vorfahren, und er kann sich für einen unter einer Vielfalt von Lebensstilen entscheiden (»Optionsgesellschaft« nennt der Schweizer Soziologe Peter Gross dieses Überangebot). Andere Entwicklungen, wie die schrittweise Emanzipation der Frauen und ihre wachsende Unabhängigkeit durch Bildung und Berufstätigkeit, kamen hinzu. Aber auch der allmähliche Verfall von Institutionen und Bindungen, die in früheren Zeiten als Leitplanken die individuelle Lebensgestaltung zwar einengten, aber auch Sicherheit boten, prägt das Leben heute.

Die wollen nur spielen

All das hat ein Jugendlichkeitssyndrom erzeugt: den tiefen Wunsch, die eigene Jugend festzuhalten oder fortzuschreiben, im Äußeren wie im Inneren, und das Lebensgefühl von Freiheit und Abenteuer auch im fortgeschrittenen Alter zu konservieren. Die heute Erwachsenen versuchen nach Kräften, den eigenen Alterungsprozess zu kontrollieren und zu verlangsamen.

»Eine Generation stellt sich nicht dem Erwachsenenleben, sondern verharrt in der Spätpubertät oder Adoleszenz. Jugend wird nicht als ein Durchgangsstadium begriffen, sondern als zeitloses Traumland«, schrieb der Essayist Joseph Epstein über den Triumph des Jugendkults. Die Welt ist voll von Erwachsenen, die sich aufführen wie Pubertierende. Haben sie zu viel Rock 'n' Roll gehört, zu viel ferngesehen und die falschen Bücher gelesen? Ist die Verewigung der eigenen Jugend bis an die Grenzen des Greisenalters nur ein vorübergehendes, ein modisches Phänomen? Wohl kaum. Ein Schweizer katholischer Priester, der in einem Interview gefragt wurde, was er aus den Tausenden und Abertausenden Beichten, die ihm im Laufe der Jahre anvertraut wurden, über die Menschen gelernt habe, fasste seine Beobachtungen so zusammen: »Es gibt keine Erwachsenen mehr.«

Das sogenannte psychosoziale Moratorium – die »Schonzeit« oder Orientierungsphase, die Erik Erikson zwischen Jugend und frühem Erwachsenenalter ansetzte – ist heute um viele Jahre verlängert. Schon die Ablösung vom Elternhaus gelingt offenbar immer seltener. Für Festlegungen auf Berufswege und Partnerschaften nimmt man sich sehr viel mehr Zeit als noch vor wenigen Jahrzehnten. Die Orientierungsphase dehnt sich: Deutsche Studenten studieren weit länger als ihre Kommilitonen in anderen Ländern.

Die Entwicklung ist keineswegs auf Deutschland beschränkt. Die psychische Alterslosigkeit der mittleren

Generation ist weltweit anzutreffen. »In der westlichen Zivilisation existiert ein breiter, unumkehrbarer, irgendwie chaotischer, aber dennoch unterscheidbarer Trend in Richtung kultureller Jugendlichkeit«, bilanziert der amerikanische Autor Robert Pogue Harrison dieses Phänomen der Moderne. Schon das Erscheinungsbild dieser Generation spricht für diese These, der Phänotyp des »großen Buben«, des »großen Mädchens« wird erkennbar, wenn man Fotos von Schauspielern, Sportlern oder Politikern aus den fünfziger und sechziger Jahren mit denen von heute vergleicht. Die »alten« Gesichter von damals kontrastieren seltsam mit den alterslosen von heute.

Ein auffälliges Merkmal der heutigen Altersverweigerung ist das Sozialverhalten, das man als eine Form nichtfamiliärer Geschwisterlichkeit sehen kann: Ein neues Ideal sozialer Bindung hat sich ausgebreitet – als wünschenswert erscheint heutigen Erwachsenen, möglichst viel Zeit mit Gleichaltrigen und Gleichgesinnten zu verbringen. So oft es nur geht, hält man sich in Cliquen und Freundeskreisen oder Vereinen auf, in denen die maximale Übereinstimmung im Denken und Fühlen garantiert ist. Eine Gesellschaft von Geschwistern praktiziert eine horizontale statt der vertikalen, intergenerationellen Vergesellschaftung: Die Begegnung mit älteren und jüngeren Menschen wird als anstrengend und »nicht lohnend« empfunden und nach Möglichkeit auf ein Minimum reduziert. Die Krise der Generativität hat ihre Ursachen auch in diesem Verhaltensmuster.

Symptome dieser psychischen Alterslosigkeit finden sich überall. So finden etwa die *Harry-Potter*-Romane auch unter Erwachsenen eine Millionenleserschaft, wie überhaupt die Altersklassifizierung von Literaturen verschwindet und sogenannte Jugend- und Fantasy-Bücher, von Michael Ende bis Cornelia Funke, ganz bewusst auch für Erwachsene vermarktet werden, selbst wenn die Verlage gelegentlich noch gesonderte Umschläge dafür entwerfen lassen. Die massenhaften Regressionswünsche der Erwachsenen sind heute eine verlässliche Geschäftsgrundlage der Unterhaltungsindustrie, ob es die mehrteiligen Sagas von *Star Wars*, *Herr der Ringe* oder eben *Harry Potter* sind. »Harry Potter ist ein Kinderbuch für die nachkindliche Gesellschaft«, schrieb der Journalist und Philologe Burkhard Müller, »es spiegelt den Zustand und trägt seinen Teil dazu bei, dass die Kinder immer früher immer klüger werden und die Erwachsenen sich dafür in die Kindheit und deren Vorvernunft zurückträumen.« Literatur wie *Harry Potter* ermöglicht einen Erwachsenen-Eskapismus in eine Fantasiewelt, die die Dramen des eigenen Aufwachsens, etwa mit dysfunktionalen oder verletzten Familien, wiederholt und gleichzeitig in der Psyche der Leser verewigt.

Wahn und Wirklichkeit

Wie sieht die Wirklichkeit der heute Erwachsenen aus? Die Lust, mit der das Jugendlichkeitsideal zelebriert wird, kann nicht über die Last des realen Erwachsenseins hinwegtäuschen. Der Alltag der heute Mittelalten ist geprägt von sehr konkreten Mühen und Dilemmata, von denen sich ihre Eltern nichts träumen ließen. Erwachsene heute führen ein Leben, das trotz forcierter Jugendlichkeit in Habitus, Sprache und Denken gleichzeitig voller Stress und Unsicherheiten steckt. Das moderne Leben mit all seinen Beschleunigungen, Verunsicherungen und Komplexitäten ist für viele bis zur Erschöpfung anstrengend, wie die steigende Zahl von Depressionen, Ängsten und psychosomatischen Erkrankungen zeigt.

Ist die »Aufrechterhaltung der Welt« tatsächlich schwieriger und mühsamer geworden, oder sind die heutigen Erwachsenen dieser Aufgabe psychisch nicht mehr gewachsen? Sind sie zu wenig frustrationsresistent und zu sehr dem Lustprinzip verhaftet, zu wehleidig und verwöhnt – wie es etwa die stereotyp vorgebrachte Kritik am kulturellen Erbe der Achtundsechziger behauptet? Haben »permissive Erziehung« oder die fehlende Autorität in der deutschen »vaterlosen« Nachkriegsgesellschaft dazu geführt, dass die Babyboomer sich so schwer damit tun, die Erwachsenenaufgaben zu schultern und den »Ernst des Lebens« zu akzeptieren?

Postmoderne Erwachsenenfiguren wie die Heldinnen und Helden der populären Fernsehserien wie *Sex and the City, Desperate Housewives, Ally McBeal* und andere sind uns sympathisch, weil sie eine Befindlichkeit verkörpern, die wir nur zu gut kennen: den Zwang und die Lust, beruflich erfolgreich sein, sich zu »verwirklichen«, Spaß zu haben. Aber das ist die Fassade, dahinter erscheint die Komödie (oder Tragikomödie) des unfertigen Menschen: unerwachsen sein bis zu extremer Kindsköpfigkeit. Ein forcierter Unernst, Tagträume und andere Fluchten aus der Realität sind legitime Mittel, der Realität zu trotzen. Sie sind auch das Eingeständnis, dass man Probleme und Erwartungen nicht meistern kann. Und so verlaufen die früher einmal formativen Jahre des Erwachsenenlebens in einem seltsam spielerischen Moratorium, einem Zwischenreich voller Fun und Verzweiflung: Keine festen Partner warten zu Hause, keine Kinder, keine Verantwortung. Stattdessen Abhängen im Niemandsland der »dritten Orte«, im Never-Neverland der Bars und Fitnessstudios.

Sind die heutigen Erwachsenen wirklich alle vom Jugendwahn besessene, unreife Drückeberger und Verweigerer? Die kulturkritische Rede von der Infantilisierung der Gesellschaft und der Dominanz der Spaßkultur bestätigt dieses Klischee. Aber das Bild des massenhaften Infantilismus verstellt den Blick darauf, dass das Leben heute auch harte, mitunter erschöpfende Arbeit ist.

»Ich sehe in meiner Praxis täglich Menschen, die am liebsten alles hinschmeißen würden. Sie wollen nicht erwachsen sein. Sie ärgern sich über jeden, der ihnen erwachsenes Verhalten abverlangt und ihnen damit Schuldgefühle verursacht«, berichtet der Psychotherapeut Frank Pittman. Rühren die Schwierigkeiten mit der Erwachsenenrolle daher, dass sich die heute Vierzig- bis Sechzigjährigen ganz einfach noch nicht erwachsen *fühlen?* Offensichtlich ist ein verbindlicher Begriff davon, was Erwachsensein heute heißen soll, verloren gegangen.

Auch heute gelten sicher noch ein paar äußere Erwachsenenmerkmale: einen Beruf ausüben, ein Bankkonto haben, auf das regelmäßig Geld fließt, Kinder aufziehen, wählen gehen. Aber die äußeren Insignien des Erwachsenendaseins korrespondieren nicht mehr mit einem »reifen« Lebensgefühl: Die Mittelalten fühlen sich trotzdem nicht »richtig« erwachsen, nicht mit dreißig, nicht mit vierzig und noch nicht einmal mit fünfzig. Ist es denn erwachsen, immer noch »hinschmeißen« zu wollen, wenn Probleme auftauchen, und von einem ganz anderen Leben zu träumen? Ist es erwachsen, immer noch Jeans zu tragen und Krawatten zu verabscheuen? Ist es erwachsen, feste Bindungen zu meiden, sich seiner Freundschaften und Liebesbeziehungen nicht so ganz sicher zu sein, Angst vor dem Scheitern, vor Liebesverlust zu haben? Oder sich nach dem Besuch bei den alten Eltern so seltsam niedergeschlagen oder melancholisch zu fühlen?

Wie macht man es richtig?

Ein historisch-kultureller Bruch ist offensichtlich: Ein bloßes Wiederholen der den eigenen Eltern abgeschauten Rollen und Rituale des Erwachsenenlebens reicht bei Weitem nicht mehr. Es fehlt ganz offensichtlich eine Bedienungsanleitung für die neue Welt, in der die Möglichkeiten, sich zu früh festzulegen, etwas falsch zu entscheiden oder eine Chance zu verpassen, unendlich erscheinen. Der immense Erfolg von Ratgeberbüchern ist ein deutliches Indiz für die enorme Verunsicherung in nahezu allen Lebensbereichen. Immer wieder taucht die Frage auf: Wie mache ich es richtig? Ob es um die Partnerschaft geht oder um die Erziehung der Kinder, um die »richtige« Ernährung oder um die Wohnungseinrichtung, um die Gesundheitsvorsorge oder neuerdings wieder um Benimm und Etikette – alles muss neu gelernt werden. Zahllose Fernsehsendungen vom Typ *Die Super Nanny* befassen sich mit den gefühlten Defiziten bei Erziehung und Einrichtung, Kochen und Partnerschaft.

Die ständige Suche nach Rat, nach Normen und Anleitungen lässt die heutigen Erwachsenen mitunter als existenzielle Analphabeten erscheinen – als unfähig, wichtige Lebensfragen mit Entschiedenheit und Mut anzugehen. Aber ist diese Verunsicherung tatsächlich so neu? Gab es früher wirklich mehr Selbstverständlichkeiten? Offenbar nicht, denn schon Carl Gustav Jung fantasierte über »Lebensschulen«, allerdings wären diese besonders nötig für alle ab vierzig, wenn man in das »magische Alter« eintrete, in dem eine große Neubesinnung stattfinden müsse. Er bezweifelte allerdings, dass die Vierzigjährigen seiner Zeit dazu in der Lage seien.

Wenn man diese Suche vorurteilslos betrachtet, erscheint sie als sinnvoll und ermutigend. Das Richtigmachen-Wollen ist ein Beweis für wachsende Verunsicherung, aber auch für Lernbereitschaft und das Streben nach Selbstverbesserung. Es sind die veränderten Lebensbedingungen, die heute ein völlig neues Curriculum erzwingen; das moderne Leben hat seine eigene Form der Erwachsenenbildung organisiert: Jenseits der ohnehin nötigen Wissensaneignung unter verschärften Bedingungen und dem ständig ausgerufenen Zwang zum »lebenslangen Lernen« findet ein großes psychosoziales Lernexperiment statt. In ihm müssen neue Rollen und

Lebensformen *ohne Vorbilder und Modelle* eingeübt werden – durch *learning by doing*, also auch durch Versuch und Irrtum.

Der neue Ernst des Lebens

An der Lebensphase, die einmal wie selbstverständlich auf Kindheit und Jugend folgte, ist so gut wie nichts mehr selbstverständlich. Wie eine Lehrbuchweisheit aus grauer Vorzeit klingt, was Erik Erikson in den fünfziger Jahren als eine Art Naturgesetz formulierte: »Kindheit und Jugend sind vorüber; jetzt beginnt, wie man so sagt, das Leben, womit im Allgemeinen die Arbeit oder das Studium für einen bestimmten Beruf, das Zusammentreffen mit dem anderen Geschlecht und im Laufe der Zeit Heirat und die Gründung einer eigenen Familie gemeint sind.« Nicht dass dieser Satz überhaupt nicht mehr zuträfe auf das heutige Erwachsenenleben. Im Kern sind das auch heute die Aktivitäten jenseits der Jugend. Was sich dramatisch verändert hat, ist die Endgültigkeit dieser Aufgaben, ihre Unwiderruflichkeit, ihre Linearität im Lebenslauf.

Anstelle des großen »Ein-für-alle-Mal« des alten Erwachsenenlebens tritt nun das Prinzip der Vorläufigkeit: Nichts ist endgültig, nichts ist hundertprozentig sicher, nichts ist absolut richtig. In der individuellen Lebensplanung tritt die Vorstellung einer zyklischen Zeit an die Stelle des alten, linearen Musters. Das Leben folgt heute keinem Zeitpfeil mehr, die fest gefügte Abfolge von klar definierten Lebensphasen und -stadien ist nicht mehr gültig. Es gibt auch keine Lorbeeren mehr, auf denen man sich ausruhen kann. Kaum noch etwas ist in den Lebensplänen der heute Erwachsenen endgültig erledigt, abgehakt: nicht das Lernen, nicht die Persönlichkeitsentwicklung, nicht der Beruf, auch nicht Familiengründung und Partnerschaft.

In den zentralen Erwachsenendomänen zeigt sich die neue Realität: Die Scheidungsquoten sind ein Indikator für die Lebensgestaltung »auf Widerruf«. Ein Drittel aller deutschen Paare lässt sich heute scheiden. Aber sie binden sich in den meisten Fällen wieder neu: Die sogenannte serielle Monogamie und die Rede vom »Lebensabschnittsbegleiter« sind zyklische Begriffe schlechthin.

Nicht nur im Beruf, auch in Partnerschaften kann oder muss man immer wieder neu anfangen. In Bildung und Beruf ist ohnehin mehr und mehr das zyklische Zeitmodell dominierend. Wer nicht den Anschluss verpassen und seine Aussichten auf Erfolg und relative Sicherheit verspielen will, unterliegt dem Zwang zum »lebenslangen Lernen«. Und er muss bereit sein, »die Spur zu wechseln«, geistig und geografisch mobil zu sein, neu anzufangen. Was geht in Erwachsenen vor, die nie fertig sind und in gewisser Weise immer Lernende bleiben?

In der generativen Hauptaufgabe des jungen Erwachsenenalters, der Erziehung der eigenen Kinder, ist die Verunsicherung am größten. Die eigenen Erziehungserfahrungen können nur bedingt »weiterverwendet« werden, und viele wollen sie auch bewusst nicht tradieren. Die Außeneinflüsse sind mächtig geworden – omnipräsente und wegen ihrer Bildgewalt unerhört wirksame Medien erziehen ebenso mit wie die *peer groups*, in denen Verhaltensnormen und Konsumgewohnheiten verhandelt und festgelegt werden. Beide Einflüsse sind inzwischen mächtiger als der Erziehungsstil der Eltern. Die fühlen sich oft ohnmächtig, ihre Aufgabe erscheint immer schwieriger. Der Rückgriff auf »bewährte« Erziehungspraktiken erfolgt dann häufig hilflos und mit schlechtem Gewissen. Das erklärt den Erfolg der vielen Experten und Pseudoexperten, die ihre neuen, alten Rezepte anbieten und beispielsweise das »Grenzen-Setzen« und »Disziplin-Fordern« als Wundermittel verhökern.

Zyklisch taucht auch die ins Erwachsenenleben verlängerte Identitätskrise auf. Was im Wesentlichen mit der Adoleszenz abgeschlossen sein sollte – nämlich die Ausbildung einer gefestigten Identität –, ist im zyklischen Lebensmodell ein immer wieder auftauchendes Motiv. Die Antworten auf die Identitätsfragen – Wer bin ich? Wo ist mein Platz? Wohin will ich? Was ist mein Lebenssinn? – lassen sich heute immer nur vorläufig, versuchsweise beantworten.

Das große »Wer bin ich?« ist heute ein anscheinend nie ganz zu lösendes, immer wieder neu gestelltes Rätsel geworden. Und so gehen die Erwachsenen ihre Rollen eher vorsichtig, testend, in einem Als-ob-Modus an. Sie befinden sich in einem permanenten Erprobungsstadium. Sie haben verinnerlicht, dass man sich von Zeit zu Zeit »neu erfinden« muss. Das Leben gleicht mehr und mehr einem großen Testgelände, auf dem man herausfinden muss, was funktioniert und was nicht.

Wie können die heute Erwachsenen angesichts dieser Entwicklung zu ihrer zentralen Aufgabe, der Generativität, finden? Und wie lässt sich diese Ich-Stärke entwickeln in einem Lebensplan, der dem zyklischen Zeitmodell folgt? Eriksons Definition der Generativität als der Kulmination, Verdichtung und Synthetisierung aller Ich-Stärken und Tugenden muss den neuen Lebensbedingungen und den Rhythmen des heutigen Erwachsenenlebens angepasst werden. Um generativ sein zu können, sind neue Metafähigkeiten, neue Maximen und Selbststeuerungstechniken nötig.

Zum Beispiel existenzielle *Geduld*: Um Lebensübergänge meistern zu können, um die eigene Identität an neue Gegebenheiten anzupassen und neue Dimensionen des Selbst zu entdecken, bedarf es einer geduldigen Haltung. Vieles lässt sich nicht erzwingen, auch wenn es »an der Zeit« wäre. Die häufig krisenhaften Übergangsphasen im Leben heutiger Erwachsener stellen intensive emotionale und reflexive Prozesse dar. Es ist sinnvoll, sich Zeit zu lassen, sich ein Moratorium zu erkämpfen und zu nutzen. Wahrscheinlich ist das »Nicht-erwachsen-werden-Wollen« die intuitive und vernünftige Reaktion auf eine ungewisse Zukunft.

Zum Beispiel *Autonomie*: Früher im Leben als Selbständigkeit erworben, muss diese Autonomie immer wieder verteidigt und erneuert werden. Gerade Unsicherheit verführt oft zur Regression – zur Flucht in alte Gewissheiten oder neue (Schein-)Geborgenheiten; umso wichtiger ist die Fähigkeit, auch bei Widerständen in Übereinstimmung mit den eigenen Gefühlen und Bedürfnissen zu leben, sich von elterlichen und anderen Autoritäten zu emanzipieren. Autonomie heißt, die verinnerlichten Zwänge und »Aufträge« zu erkennen. Sie ist das Gefühl »Ich bin hier, und du bist dort« – vielleicht die Essenz des Erwachsenseins: die Freiheit und Eigenständigkeit auszuhalten. Autonomie bedeutet, sich nicht mehr ständig mit anderen vergleichen zu müssen, um den eigenen Wert als Person zu validieren und die Unsicherheit des Nichterwachsenseins loszuwerden. Gelassenheit ist der Ausdruck dieser Sicherheit und inneren Reife.

Zum Beispiel *Verantwortung*: Früher war dies der Kern des Erwachsenenlebens – für sich selbst und andere, vor allem die eigene Familie Verantwortung zu übernehmen, sie nicht an andere Autoritäten zu delegieren oder ihr auszuweichen. Heute ist die Verführung besonders groß, sich als Opfer bestimmter Umstände, der eigenen Kindheit, der stärkeren Konkurrenten, der »Gesellschaft« zu stilisieren. Der Kult der Selbstviktimisierung ist weit verbreitet.

Zum Beispiel *aus Unsicherheit eine Tugend machen*: Zum Erwachsensein gehört heute die Fähigkeit, Widersprüche und Ambivalenzen auszuhalten, ohne vorschnelle Erklärungen oder Begründungen zu verlangen. Die Tugend des »neuen Erwachsenen« ist, dann gerade nicht zu alten Lösungen zu greifen und dogmatisch oder konformistisch zu werden oder in kindliche Hilflosigkeit oder jugendliche Rebellion zurückzufallen.

In der Mitte ankommen

Weh mir, wo nehm ich, wenn
Es Winter ist, die Blumen, und wo
Den Sonnenschein
Und Schatten der Erde?
Die Mauern stehn
Sprachlos und kalt, im Winde
Klirren die Fahnen.

   FRIEDRICH HÖLDERLIN,
  HÄLFTE DES LEBENS, 1803

Irgendwo in den Jahrzehnten zwischen Jugend und Alter liegt die mythische »Mitte des Lebens«. Klare Grenzen zu den beiden anderen großen Lebensabschnitten gibt es jedoch nicht. Die meistverbreitete Auffassung ist heute: Lebensmitte beginnt mit vierzig und endet etwa mit sechzig oder fünfundsechzig, danach kommt das »wirkliche« Alter. Die subjektive Einschätzung des eigenen Alters ist jedoch sehr variabel und kann von diesen Eintritts- und Austrittsmarken stark abweichen, sodass es an beiden Enden bereits eine Marge von zehn Jahren gibt. Inzwischen gilt für viele Menschen die sehr weite Zeitspanne zwischen dreißig und fünfundsiebzig als »Lebensmitte«.

Als das amerikanische National Council on Aging im Jahr 2000 in einer Studie Tausende von Fünfundsechzig- bis Neunundsechzigjährigen befragte, betrachtete sich die Mehrheit als »mittelalt«. Und noch ein Drittel aller Befragten über siebzig bezeichnete sich ebenfalls als »im mittleren Alter« stehend. In einer deutschen repräsentativen Untersuchung (EMNID, 2006) bei der »Generation 50plus«, also bei Menschen über fünfzig, fühlten sich zweiundachtzig Prozent der Befragten jünger als ihr tatsächliches Alter. Auf die Frage »Welcher Begriff beschreibt Ihren eigenen Lebensabschnitt am besten?« antworteten dreiundachtzig Prozent mit »jung geblieben«, siebenundsechzig Prozent fanden »45 plus« angemessen und sechsundsechzig Prozent den Begriff »im mittleren Lebensabschnitt« sehr zutreffend. Einundsechzig Prozent akzeptierten das Etikett »im besten Alter«.

Je älter die Menschen in den hoch entwickelten Staaten der westlichen Welt werden, desto höher rutscht die Grenze zum »gefühlten Alter«: »Die sechzig sind die neuen vierzig!«, reden sich inzwischen nicht nur Hollywood-Diven den runden Geburtstag schön. Natürlich ist man mit sechzig nicht in der Mitte seines Lebens, kaum jemand wird trotz der steigenden Lebenserwartung hoffen können, hundertzwanzig zu werden. Aber die Grenze zum »wirklichen« Alter, in dem der körperliche Verfall dann alle Definitionen überflüssig macht, wird immer weiter hinausgeschoben. In der Lebensmitte fühlen sich nahezu alle heutigen Mittelalten mindestens zehn Jahre jünger, als sie wirklich sind.

Das gefühlte Alter –
nicht mehr jung, noch nicht alt

Paul McCartney, Ex-Beatle, hat 2007 als Fünfundsechzigjähriger sein Album *Memory Almost Full* vorgelegt, das eine Reihe sehr persönlicher, geradezu intimer Songs über das Älterwerden enthält. Trotz dieses Versuches der musikalischen Sublimierung fürchtet er das Alter: »Der Gedanke daran ist schon schrecklich. Es ist wie: Well, das bin doch nicht ich!« Ironischerweise handelt einer der erfolgreichsten Ohrwürmer der Beatles vom Altern: »When I'm Sixty-Four« hat McCartney schon mit achtzehn Jahren geschrieben, zunächst nur die Melodie. Den Text schrieb er dann in seinen Zwanzigern. In einem Interview darauf angesprochen, meinte er: »Es ist sehr seltsam – du wirst vierundsechzig und fragst dich: Warum habe ich damals einen Song geschrieben, der heißt ›When I'm Sixty-Four‹?« Und er fügte hinzu, immer noch angetan von diesem Geniestreich seiner Jugend: »Das ist doch ein witziger Text, *Stating point of view* und so – das ist doch echt *cool*.« In uns sträubt sich offenbar etwas lange dagegen, den Prozess des Alterns, der im mittleren Lebensalter unübersehbar wird, anzuerkennen. Sylvester Stallone spinnt die Fantasie der anhaltenden Fitness in seinem Film *Rocky Balboa* (2006) stellvertretend für seine Generation aus: Mit sechzig »will er es noch mal wissen« und steigt in den Boxring.

Dass wir uns in mittleren Jahren fast alle und kontinuierlich für jünger halten, als wir in Wirklichkeit sind, ist ein freundlicher Trick der Psyche, eine Selbsttäuschung mit tieferem Sinn. Eine Konfrontation mit den harten

Fakten ist nur gelegentlich fällig, das Phänomen, das uns bei jedem Klassentreffen in Verwirrung stürzt, weshalb nicht wenige solche Stunden der Wahrheit von vornherein meiden. Es geht uns wie dem Zahnarzt, über den mir eine Bekannte folgende Anekdote erzählte: Die fünfzigjährige Frau besucht nach langer Abwesenheit ihren Heimatort wieder und erfährt, dass ein früherer Schulfreund und Verehrer dort als Zahnarzt arbeitet. Sie will ihn überraschen und lässt sich unter falschem Namen einen Termin in seiner Praxis geben. Beim Eintreten in das Behandlungszimmer erkennt er sie nicht, und als sie ihn anspricht: »Erkennst du mich denn nicht? Du warst in meiner Klasse!«, antwortet er höflich: »Ja, wirklich? In welchem Fach haben Sie denn unterrichtet?«

Diese Verdrängung des eigenen Alters ist der Normalfall. Sie ist weniger eine Verdrängung oder Verleugnung der eigenen Vergänglichkeit, wie Psychoanalytiker glauben. Wenn wir uns für jünger halten, als wir sind, geht das vielmehr auf das Wirken unseres »Phantom-Selbst« zurück: Das Selbstgefühl ist eng mit dem Körper-Ich verknüpft, enger, als uns bewusst ist. Durch unseren Körper fühlen wir uns – wir *sind* unser Körper. Der körperliche Alterungsprozess verläuft zwar sehr langsam, aber stetig. Dennoch verändert sich das Körperbild, das wir von uns selbst haben, nicht im gleichen Tempo. Es bleibt zurück, hinkt dem chronologischen Alter immer ein gutes Stück hinterher und wird so allmählich zu einem Phantom-Selbst.

Erst durch fast schockartige Erlebnisse und Konfrontationen – etwa durch besagte Klassentreffen oder nach großen körperlichen Anstrengungen, von denen wir nur sehr langsam regenerieren – erkennen wir die Realität. Es wird uns erst bei solchen Gelegenheiten schmerzhaft bewusst, dass wir das Selbstbild wieder auf den neuesten Stand bringen müssen. Eine weite zeitliche Streuung bei wichtigen Wegmarken des Lebens trägt dazu bei, dass chronologisches und gefühltes Alter weit auseinanderdriften können. So werden heute manche Erwachsene bereits mit vierzig zu Großeltern, andere dagegen entdecken erst jetzt ihre biologische Generativität und werden mit vierzig zu Eltern.

Die Neujustierung der Psyche

Der körperliche Alterungsprozess ist offenbar kein zuverlässiger Auslöser für die psychischen Veränderungen und Revisionen im Erwachsenenalter. Das heißt, dass auch die Generativität heute zu sehr unterschiedlichen Zeitpunkten entdeckt und entwickelt wird. Aber unabhängig davon, wann der Einzelne seine Lebensmitte zu erreichen glaubt, entfaltet sich zu diesem Zeitpunkt der »Selbstkern«: das Zentrum der Persönlichkeit, das Bündel aus Grundüberzeugungen hinsichtlich des Wertes und der Ziele der eigenen Person. »Der Selbstkern ist die Basis unserer Selbstwahrnehmung als handelnde Person, in der sich unsere innersten Strebungen und Ideale verdichten, und die Erfahrung, dass unser Körper und unser Geist eine selbständige Einheit im Zeit-Raum-Kontinuum bilden«, schreibt der Psychoanalytiker Heinz Kohut.

Das Lebensgefühl der Mitte ist: Alles Bisherige war Auftakt, Vorbereitungsphase, vielleicht ein lang gezogener Probelauf – nun kommt die Vollendungs- oder Verwirklichungsphase. Und damit verfügen wir über die Instrumente geistiger und kultureller Generativität. Im mittleren Lebensalter muss das »Selbstprojekt« auf den Prüfstand gestellt und mit frischem Blick auf die eigene Entwicklung reflektiert werden. Das bedeutet, sich die tragenden Themen und Leitmotive neu bewusst zu machen, um die herum das bisherige Leben organisiert war.

Die *Neudefinition der Identität* steht an: Wer bin ich? Wo liegen meine Grenzen? Wer oder was hat mein Denken und Handeln beeinflusst? Wessen Wünsche und Hoffnungen habe ich bisher erfüllt? Die Arbeit am Ich kreiste bisher um die Definition bestimmter Rollen – in der Familie, im Beruf, in der Partnerschaft, in der Beziehung zu Freunden und Kollegen ging es darum: Wo ist mein Platz? Nun sollten diese Äußerlichkeiten abgeschlossen sein. Wir haben in diesem Prozess viele Zugeständnisse gemacht und Rücksichten genommen. Ab jetzt können wir unser unbekanntes, unser eigentliches Selbst entdecken, die bislang vernachlässigten Anteile der Persönlichkeit.

Die Neudefinition von Leistung: Lernen, arbeiten, etwas aufbauen, Ziele erreichen, Erfolg haben, Geld und Status erwerben – das ist die Agenda des frühen Erwachsenenlebens. In der Lebensmitte treten nach und nach andere Werte in den Vordergrund. Zwar bleibt Leistung ein wichtiger Wert, er wird jedoch umdefiniert. Leistung bemisst sich nun in der Weitergabe, dem Fruchtbarmachen der gewonnenen Erfahrungen und Kenntnisse. Auf der Höhe des Erreichten können wir nun leichter in die neuen, generativen Rollen schlüpfen und Motivatoren, Lehrer und Mentoren für andere sein.

Die Neudefinition von Intimität: Die Leitthemen der Jugend und des frühen Erwachsenenalters sind Liebe, Sexualität, Freundschaft, Bindung. Auf der Suche nach Partnern und Freunden wollen wir unsere Bedürfnisse nach Nähe, Vertrauen und Intimität erfüllen. In diesen Lebensphasen sind wir aber Gebende *und* Nehmende. In der Lebensmitte kennen wir die Höhen und Tiefen von Liebe und Intimität, wir sind realistischer und gelassener im Umgang mit den »großen Gefühlen«. Nun kann sich der Akzent vorrangig auf das Geben verschieben.

Die Neudefinition von Kreativität: Die Kreativität der jüngeren Jahre wird in der Regel dem Leistungsmotiv untergeordnet, das wirklich spielerische Element kommt dabei meist zu kurz. Auf der Hochebene des reifen Erwachsenenalters kann das zweckfreie Experimentieren wiederbelebt werden – Witz, Humor, Ironie gedeihen besser auf dem angesammelten Humus der Lebenserfahrung. Die Neigung zu künstlerischen oder expressiven Aktivitäten nimmt zu, stillgelegte Talente können endlich zur Entfaltung kommen.

Die intensivierte Suche nach dem Sinn des Lebens: Nach dem Lebenssinn fragen wir erstmals in der Pubertät, aber auch in den folgenden Übergangsphasen des Lebens, etwa beim mythischen Alterssprung »um die vierzig«. Im reifen Erwachsenenalter wird diese Suche quasi selbstverständlich. Angesichts der fortgeschrittenen Zeit provoziert die nun selbst verordnete »Konzentration auf das Wesentliche« das Nachdenken darüber, was dieses Wesentliche ist. Kontemplative Momente nehmen zu, wir gehen häufiger »in uns«, setzen uns mit Fragen der Transzendenz oder Spiritualität auseinander.

Im mittleren Alter werden wir offener für Mythen, und der Denkstil wird nun analoger und anschaulicher. Der innere Zusammenhang und die Integrität der eigenen Persönlichkeit beschäftigen uns: Gibt es ein Leitmotiv, das alles zusammengehalten hat, alles auch weiter zusammenhält? All das mündet schließlich in die generativen Fragen: Was ist unser Beitrag, unser Vermächtnis? Was haben wir getan, was können wir noch tun, um aus dieser Welt einen besseren Ort zu machen? Die Suche nach symbolischer Unsterblichkeit beginnt – die Generativität erwacht.

Jedes dieser Lebensthemen ist ambivalent: Es kann zu sehr dominieren – oder verkümmern. Eine zu intensive Beschäftigung mit der Identität mündet in Selbstzentriertheit und präsenilen Narzissmus. Zu viel Leistungsmotivation erstickt andere Motive – wer im fortgeschrittenen Erwachsenenalter noch Workaholic wird oder bleibt, kann kein guter Liebhaber oder Philosoph in eigener Sache sein. Zu viel Intimitätssuche endet in symbiotischen Verstrickungen und Abhängigkeit. Wer die spielerische Kreativität übertreibt, wirkt infantil und macht sich lächerlich. Die Sinnsuche kann in Spintisieren ausarten, und wer »letzten Fragen« allzu sehr nachhängt, hebt ab und verliert den Alltag aus den Augen. Schließlich kann selbst Generativität zur Karikatur ihrer selbst werden – die übersteigerte Sorge um den eigenen Beitrag zum Heil der Welt macht manche zu tragikomischen Möchtegernheiligen.

Meist dominieren zwei oder drei dieser Motive das Leben eines Menschen schon sehr früh. Sie müssen in einen Traum oder Plan eingebunden sein, damit sie tragfähig für die Zukunft werden. Solche Pläne wirken wie Zeitkapseln des noch ungelebten Lebens. Das mittlere Alter ist die günstigste, die dafür geeignetste Zeit, das Erledigte und Unerledigte zu erkennen, Abstand zu gewinnen, Pläne zu revidieren und dem kommenden Lebensabschnitt anzupassen.

Bernice Neugarten, eine der führenden Entwicklungspsychologinnen in der Altersforschung, schreibt über die mittlere Lebensphase: Menschen in diesem Alter »sind äußerst introspektiv und zeigen beträchtliche Einsicht in die Veränderungen, die in ihrem Berufsleben, in ihren Familien, in ihrer inneren und äußeren Welt stattgefunden haben. Beeindruckend ist die Reflexionsfähigkeit der mittelalten Menschen, wenn es um ihr Innenleben geht: Sie können Erfahrungen strukturieren und restrukturieren, neue Informationen im Lichte früherer Erfahrungen bewerten und integrieren und ihre Kenntnisse auf das Erreichen gewünschter Lebensziele anwenden ... Sie sind die Menschen, die *am Drücker* sind.«

Krise? Welche Krise?

> *Als unseres Lebens Mitte ich erklommen,*
> *befand ich mich in einem dunklen Wald,*
> *da ich vom rechten Wege abgekommen ...*
>
> DIE ERSTEN ZEILEN VON DANTES
> *GÖTTLICHER KOMÖDIE*

Der amerikanische Psychoanalytiker Elliott Jacques hat 1955 den Begriff *midlife crisis* geprägt, um damit scheinbar typische Probleme und Brüche dieser Lebensphase zusammenzufassen. Die Entdeckung dieser »Krise« löste eine erste intensivere Beschäftigung mit dem Erwachsenenleben aus, und die »Krise in der Lebensmitte« wurde dankbar als diagnostisches Etikett aufgegriffen.

Nun hatte man endlich einen Begriff für die bis dahin schwer verständlichen Ausbrüche, Exzesse oder Nachholorgien von Menschen in den mittleren Jahren. Bis zur Erfindung der *midlife crisis* sprach man von »Torschlusspanik«. Vor allem Männer, hieß es, unterlägen dieser alterstypischen Verwirrung der Gefühle (sogar ein *climacterium virile* wurde als biologisch-hormonelle Ursache vermutet): der plötzliche Hang zu sexuellen Abenteuern, das Verlassen stagnierender Ehen, das Hinschmeißen langweiliger Jobs, schließlich der Kauf eines Motorrads oder eines Sportwagens, in dem die jugendliche Geliebte Platz nimmt. Überhaupt galt das Aussteigen oder Umsteigen als Leitmotiv dieser »spätpubertären« Phase. Kam dann noch die spirituelle Sinnsuche hinzu, war das Klischee der neu entdeckten Krise perfekt.

Theodor W. Adorno und Max Horkheimer warfen in ihrer *Dialektik der Aufklärung* unter der Überschrift »Gezeichnet« einen sehr düsteren Blick auf das mittlere Alter: »Im Alter von vierzig bis fünfzig Jahren pflegen Menschen eine seltsame Erfahrung zu machen. Sie entdecken, dass die meisten derer, mit denen sie aufgewachsen sind und Kontakt behielten, Störungen der Gewohnheiten und des Bewusstseins zeigen. Einer lässt in der Arbeit so nach, dass sein Geschäft verkommt, einer zerstört seine Ehe, ohne dass die Schuld bei der Frau läge [sic!], einer begeht Unterschlagungen. Aber auch die, bei denen einschneidende Ereignisse nicht eintreten, tragen Anzeichen von Dekomposition ... Unter den gegebenen Verhältnissen führt der Vollzug der bloßen Existenz bei Erhaltung einzelner Fertigkeiten, technischer oder intellektueller, schon im Mannesalter zum Kretinismus ... Es ist, als ob die Menschen zur Strafe dafür, dass sie die Hoffnungen ihrer Jugend verraten haben und sich in der Welt einleben, mit frühzeitigem Verfall geschlagen würden.«

Das mittlere Alter wird hier als eine Zeit betrachtet, in der sich Verrat und moralischer Verfall offenbaren: Diese pessimistische Beobachtung stammt aus der Mitte des letzten Jahrhunderts, und die »Verhältnisse«, unter denen sich diese Symptome einstellen, sind für Adorno und Horkheimer natürlich die kapitalistischen. Die Verallgemeinerung dieser Diagnose erschreckt und reizt zum Widerspruch. Aber sie regt auch zur Selbstprüfung an.

Die Entdeckung der *midlife crisis* in den siebziger Jahren fiel in die Zeit des beginnenden »Psychobooms« – in der die Beschäftigung mit der eigenen Identität zu einem Dauerthema für die Nachkriegsgenerationen wurde. Die Psychologisierung der gesellschaftlichen Diskurse erlebte ihre Blütezeit, aber sie hat in eine bis heute andauernde, irreversible Bewusstseinsveränderung gemündet, zum Beispiel in ein anhaltendes Interesse für die eigene Biografie, für Selbsterkenntnis und Selbstverbesserung. Nicht die Lebensdauer an sich, sondern der damals ebenso neu entstandene Begriff »Lebensqualität« stand im Vordergrund der Diskussion. Die Popularisierung psychologischer Konzepte wie »Identität« und die Psychologisierung der Sprache ist uns heute kaum noch bewusst.

Zwar hat der Begriff überlebt – und auch heute fällt uns zu »Lebensmitte« immer noch die scheinbar dazugehörige »Krise« ein, aber es handelt sich eher um ein kulturelles Stereotyp als um eine zutreffende psychologische Beschreibung der heutigen Erwachsenenrealität. Das mittlere Lebensalter wird von einer weit überwiegenden Mehrheit als Zeit der Reife, der Kompetenz, der Erfahrung, der Stabilität, ja der Meisterschaft angesehen. In zahlreichen Untersuchungen kristallisierte sich das Bild heraus, in der Lebensmitte stünden wir auf der Höhe unseres Könnens und Wissens. Wir sind nun nicht mehr Getriebene, sondern Treiber.

Was gilt nun? Ist die Lebensmitte eine Zeit der Krise und Turbulenz oder eine Phase ausgeprägter Stabilität? Offensichtlich ist diese Dichotomie falsch. Erwachsene erleben beides – und zwar oft gleichzeitig. Tatsächlich sind Turbulenzen im Erwachsenenleben nicht selten, aber sie prägen diese Lebensphase meist nicht mehr entscheidend. Und auch das Bild des Plateaus stimmt in den meisten Fällen nicht – wir bewegen uns auch im Erwachsenenalter zwischen Gipfeln und Tälern auf und ab.

Das ist das Paradox der Lebensmitte: Stabilität und Veränderungen können gleichzeitig stattfinden. Relativ stabil ist die Persönlichkeit, sehr veränderlich können Ziele, Lebensumstände oder die körperliche Verfassung sein. Und in den Lebenssphären von Familie, Arbeit, Gesundheit, Freizeit, Freundschaften können sich Erwachsene sehr unterschiedlich entwickeln – oder stagnieren.

Zu den Eltern der Eltern werden

Die Menschen im mittleren Lebensalter sind heute mehr denn je eine »Sandwich-Generation«. Nicht nur Generativität und die Sorge um die Kinder, nicht nur die Sorge für sich selbst sind die Projekte ihrer Lebensphase. Als eine neue Aufgabe kommt heute immer häufiger die Sorge um alt gewordene Eltern hinzu. Genauer: Die Rollen werden getauscht, in vielen Fällen werden die vierzig-, fünfzig-, sechzigjährigen »Kinder« nun *parentifiziert*: Sie nehmen gegenüber ihren hilfsbedürftigen, auf Versorgung und Fürsorge angewiesenen Eltern die Elternrolle ein.

Beim raschen Anstieg des durchschnittlichen Lebensalters kann das eine Jahrzehnte dauernde Aufgabe werden. Denn zum ersten Mal in der Geschichte haben Paare im mittleren Lebensalter mehr Eltern (und Großeltern) als Kinder. Es ist schön, wenn Großeltern lange genug leben, um ihre Enkel aufwachsen zu sehen und noch etwas für sie tun, ihnen etwas weitergeben zu können. Und es ist schön, wenn sie so lange leben, dass sich die Erwachsenen mit ihnen austauschen und – sollte dies nötig sein – aussöhnen können.

Aber das Sandwich-Phänomen ist relativ neu – und breitet sich rasant aus: Ein sechzigjähriger Freund berichtet davon, wie seine neunzigjährige Mutter ihm bei seinen täglichen Anrufen und häufigen Besuchen vorwirft, sie allein zu lassen und sich nicht genug um sie zu kümmern: »Sie will einfach nicht sterben. Und meine Kinder rufen auch dauernd an und wollen Geld und Unterstützung oder erzählen von ihren Ehekrisen. Wann kann *ich* denn endlich mal alt sein, wie?«

Eine Freundin, fünfundfünfzig, erzählt halb witzig, halb traurig von ihrer dreiundachtzigjährigen Mutter, die das Autofahren nicht aufgeben will, aber die Garage häufig nicht mehr findet. Andere Altersgenossen haben ihr BAföG noch nicht abbezahlt, während sich die Rechnungen aus dem Altersheim ihrer Eltern auf dem Schreibtisch stapeln. Eine Verkehrung der Generationsaufgaben findet statt: Eltern sind eigentlich diejenigen, die uns unterstützen ...

Der Journalist Eckhard Fuhr schrieb in der *Welt*: »Wenn Kinder geboren, wenn Eltern pflegebedürftig werden und sterben, ist der athletische Individualismus der Selbstverwirklichung am Ende. Er ist auch völlig uninteressant. Erst wer die vertikale Dimension der Generationenfolge spürt, erfasst das Leben in seiner ganzen Pracht, in seinem ganzen Elend. Menschen eines bestimmten Alters, sagen wir zwischen vierzig und fünfzig, bekommen heute die Vertikale besonders heftig zu spüren. Sie haben lange Zeit in ihren horizontalen Netzwerken gelebt, bekamen spät Kinder und müssen, während der Nachwuchs die gesamte Aufmerksamkeit fordert, sich um ihre hochbetagten Eltern kümmern. Aus gelernten Individualisten müssen opferbereite Familientiere werden.«

Guten Abend, gute Nacht

Im mittleren Leben legen wir die Fundamente für das eigene Alter. Wenn wir die zentrale Lebensaufgabe der mittleren Jahre nicht angehen und bewältigen, wird uns auch die Lösung der letzten Aufgabe, die Annahme des eigenen Lebens, nicht gelingen. Auch in anderer Hinsicht treffen wir Vorsorge: Je früher wir die Wurzeln des Alterns im Erwachsenenleben erkennen, desto gezielter und früher können wir den Prozess des Alterns und seine Wirkungen auf das biologische, psychische und soziale Funktionieren verzögern, seine Folgen minimieren oder ihnen vorbeugen. Das zentrale Thema aber bleibt die Generativität – die Sorge um das Wohlbefinden anderer: der eigenen Kinder, der alten Eltern, Familienmitglieder, Freunde, Kollegen, aber auch aller, die nach uns kommen. Im mittleren Alter liegt die ideale, die richtige Zeit, um diese Verantwortung zu übernehmen.

Der erste Schock des sichtbar und spürbar gewordenen Alterns kann mitunter zum Verlust jeglicher Perspektive führen: wenn Motivation, Leistungsbereitschaft und Optimismus schlagartig abhandenkommen, weil Altersklischees plötzlich die Oberhand gewinnen, vor allem das Gefühl »Nichts geht mehr«. Die Psychologin Anna Schoch schreibt: »Wer noch Perspektiven für sich und sein Leben hat, wird sich seinen Aufgaben widmen und sich nicht durch Vorurteile davon abbringen lassen ... Ein präzises Ziel, für das es sich lohnt, Anstrengungen auf sich zu nehmen, ist von größter Wichtigkeit. Wenn dieses Ziel einigermaßen realistisch ist, erhöht sich das Durchhaltevermögen. Der Mut, sich einer Aufgabe zu stellen, die Verantwortung für etwas zu übernehmen, gibt dem Leben eine Dignität und Fülle, die darüber entscheidet, ob es sich lohnt zu leben oder ob wir nur die Zeit totschlagen.«

Hoffnung, die Lebenskraft, die wir in frühester Kindheit erwerben und die uns bis ins Erwachsenenleben weiter trägt und begleitet, entscheidet nun auch darüber, wie die letzten Lebensjahrzehnte verlaufen werden – ob man die verbleibende Lebenszeit als chancenreiche »zweite Hälfte«, als bewältigbare Aufgabe oder als Abstieg und langsamen Verfall betrachtet.

Die Lebensmitte, das reife Erwachsenenleben, ist eine höchst lebendige, entscheidende Lebensphase. Ihre Erforschung zeigt: Wir sind nie wirklich »fertig«. In der Lebensmitte entwickelt sich unsere Persönlichkeit weiter, und die letzten Entwicklungsschritte werden vorbereitet. Generativität ist die Aufgabe dieser Phase – sie dient der eigenen biografischen Abrundung und hilft uns, das kommende Alter zu meistern. Vor allem aber ist das generative Erwachsensein, der »Nachmittag des Lebens«, die Zeit, in der wir für die zukünftigen Generationen, für kulturelle Kontinuität und für unsere symbolische Unsterblichkeit sorgen. So bereiten wir uns am besten auf das Alter vor: auf den Lebensabend und, ja, auch auf die Nacht.

4. Nicht von dieser Welt
Die Arbeit an der
Unsterblichkeit

Ich möchte nicht unsterblich sein durch meine Werke,
ich möchte unsterblich sein, indem ich nicht sterbe!

WOODY ALLEN

»Welche Spuren hinterlassen Psychologen, die jahrzehntelang an einer Universität gelehrt und geforscht haben? Die Spuren bestehen meist aus gedruckten Seiten, die schnell verblassen. Spuren finden sich auch in den Personen, die noch das Glück gehabt haben, während ihres Studiums durch akademische Lehrer geprägt worden zu sein. Der Braunschweiger Psychologe Heiner Erke, der am 17. 2. 2007 nach schwerer Krankheit in München verstorben ist, hinterlässt Spuren, die in der Psychologie selten vorkommen ... Auf der Grundlage der Gestaltpsychologie hat Heiner Erke für die vom Menschen geprägte Umwelt Leitsysteme entwickelt, die Arbeiten und Leben transparenter machen. Wer in München den Flughafen betritt, in Wien in eine U-Bahn steigt oder auf deutschen Autobahnen fährt, folgt Hinweisen, die Heiner Erke als kreativer und produktiver Gestalter von Leitsystemen geschaffen hat. Diese Spuren begleiten über seinen Tod hinaus jeden von uns.«

Diese Sätze stammen aus einem Nachruf auf den Psychologieprofessor Heiner Erke. Als Gestaltpsychologe hat er sich in der Tradition dieser genuin deutschen Psychologenschule besonders mit den Gesetzen des Wahrnehmens und des Sehens in unserer Alltagswelt beschäftigt. Die Schlüsselworte in diesem Nachruf sind »kreativ«, »produktiv«, »Spuren hinterlassen«. Sie beschreiben, was ein generativer Mensch bewirkt: Er hat die Welt ein bisschen wohnlicher oder zugänglicher gemacht, deshalb erinnert man sich seiner. Und für sich selbst erlangt er eine bestimmte Form der Unsterblichkeit: Er lebt in Zeichen und Symbolen seiner Existenz weiter.

Kultur und Kreativität sind die menschlichen Versuche, etwas von Dauer und Beständigkeit zu schaffen, Eigenschaften, die dem Leben selbst schmerzlich fehlen. Der Tod – genauer: das Wissen um den Tod – ist deshalb die entscheidende Bedingung für die Generativität. Der Mensch wird zum Schöpfer und Bewahrer, zum Förderer und Lehrer, zum Mentor, Stifter und Mäzen, gerade weil er sterblich ist – und sich buchstäblich in Erinnerung bringen will. Wenn der Körper stirbt, soll etwas anderes weiterleben. Deshalb zeugen wir Kinder, erfinden hilfreiche Maschinen, malen Bilder, bauen Häuser, legen Gärten an, rufen Stiftungen ins Leben, schreiben Bücher, gründen Firmen oder Vereine. Und deshalb investieren wir auch einen oft beträchtlichen Teil unserer Lebenszeit in Institutionen, Organisationen, Verbände und wollen sie beeinflussen und prägen. Oder wir werden zu Sammlern: von Büchern, Briefmarken, Bildern oder Antiquitäten. Wir legen Fotoalben oder andere Privatarchive an, in denen unsere Erlebnisse, Ideen und Erfahrungen gespeichert sein sollen.

Unbewusst glauben wir, dass all diese Projekte im Grunde nie abgeschlossen sein werden. Denn keine Sammlung ist jemals vollständig, kein Verein erlischt mit dem Tod eines Gründungsmitglieds, kein Garten verdorrt mit dem Hinscheiden des Gärtners. Spenden und Stiftungen halten unseren Namen lebendig. Was aus unseren Kindern, Schülern oder Schützlingen wird, können wir nur bis zu einem gewissen Zeitpunkt erleben. Dann entlassen wir diese generativen Werke in eine Zukunft, an der wir nicht mehr teilhaben werden. Die Hoffnung ist: Vielleicht doch! Vielleicht in einer anderen Form ...

Gerade in der Unvollständigkeit mancher generativer Projekte liegt ihr Reiz: Diese Unternehmungen überschreiten unsere Lebenszeit – und können im Prinzip von anderen übernommen und fortgesetzt werden. Der Unsterblichkeitswunsch nutzt Kultur und Kreativität als Vehikel. Die Generativität, die sich um sie bemüht, ist das menschliche Überlebensprojekt schlechthin. Sie kann das Leben über den Tod hinaus verlängern – in eine Nachwelt.

Und bei all diesen Unternehmungen bleibt der Zweifel: Ist das Leben eines Menschen nicht doch nur ein Fußabdruck im Sand der Zeit? Die meisten von uns sind in dieser Frage unschlüssig. Sie schwanken, je nach philosophischer Grundstimmung oder momentaner Lebenslage, zwischen heroischem Nihilismus und vager Hoffnung auf ein Nachleben.

Wenn wir nicht an eine unsterbliche Seele oder die Auferstehung der Toten am Jüngsten Tag glauben, dann liegen

Hoffnung und Trost tatsächlich darin, dass man sich nach unserem Abscheiden an uns erinnern und über uns sprechen wird. In den Todesanzeigen wird diese Hoffnung aufs Erinnertwerden immer wieder neu beschworen: *Unvergessen!* Der Schriftsteller Thomas Kapielski schreibt: »Stille Post: Etwas Unsterblichkeit gibt es nur als Spur in einem anderen, ebenso vergänglichen, weil lückenhaften und sterblichen Gedächtnis, und falls dieses Spuren von Spuren in einem weiteren hinterlässt und das so weitergeht, bis endlich auch sie gelöscht oder verwischt sind.«

Selbst die liebevollste Erinnerung an einen Menschen trägt in der Regel höchstens drei Generationen weit. Auch wenn wir dann doch irgendwann vergessen sind, so hoffen wir trotzdem, dass andere Spuren unseres Daseins weiterleben. Die älteste und wirkungsmächtigste Vorstellung von diesem Weiterleben ist die: Zumindest ein Gedanke, den wir gedacht haben, wird in einem anderen Kopf weitergedacht. Auch wenn der Urheber längst vergessen sein mag, wirkt er dennoch fort, er »trägt«, wie eine Spolie in einem generationsübergreifenden Bauwerk. Der Gedanke, oder besser noch: die in einem Projekt oder einer Institution oder einem Text manifest gewordene Idee, wie klein sie auch sein mag, besteht weiter.

Wir können auf viele Arten versuchen, zumindest symbolisch weiterzuleben. In seinem Buch *The Death of Sigmund Freud* beschreibt Mark Edmundson, wie Freud nach dem Bruch mit seinem »Kronprinzen« Carl Gustav Jung 1912 das weitere Schicksal seiner Lebensidee, der Psychoanalyse, in die Hände von Tochter Anna legte: »Freud liebte Anna um ihrer selbst willen, und leidenschaftlich war er um ihr Glück besorgt. So viel ist sicher. Aber er liebte sie auch als Garantin der einzigen Form von Unsterblichkeit, an die er, der selbst ernannte ›gottlose Jude‹, glauben konnte. Anna war das entscheidende Glied in der Kette, das die Psychoanalyse am Leben erhalten könnte – vielleicht für alle Zeiten.«

Sich verewigen:
symbolische Unsterblichkeit

Richard Branson sieht nicht aus wie ein erfolgreicher Unternehmer – eher wie einer der Rockstars, deren Musik er verlegt hat. Aber Branson ist mehrfacher Milliardär und eine der schillerndsten Gestalten in der an Sonderlingen gewiss nicht armen Szene global operierender Tycoons. Er begann ohne Schulabschluss seine Karriere als Unternehmer, als er Anfang der siebziger Jahre das Musiklabel Virgin Records gründete und Stars wie Mike Oldfield, Peter Gabriel und die Sex Pistols unter Vertrag nahm. In den achtziger Jahren wagte er sich als Maverick-Entrepreneur auf ein neues Gebiet und gründete die Fluglinie Virgin Atlantic, in den neunziger Jahren schließlich sogar das Raumfahrtunternehmen Virgin Galactic. Branson wurde einer breiten Öffentlichkeit weltweit bekannt, als er 1987 in einem Heißluftballon den Atlantik überquerte.

Heute, in seinen späten Fünfzigern, hat er nach eigenen Worten »seine Bestimmung entdeckt«. Er engagiert sich im Kampf gegen den menschenverursachten Klimawandel. In seinem Projekt »Virgin Earth Challenge« versammelte er Wissenschaftler um sich und lobte fünfundzwanzig Millionen Dollar aus für den Forscher, dem es am besten gelingt, den westlichen Lebensstandard zu erhalten und ihn mit einer dramatischen Verringerung des Kohlendioxidausstoßes unter einen Hut zu bringen.

Das Motiv für sein Engagement: »Wenn ich mir überlege, wie man sich an mich erinnern wird, dann möchte ich nicht der Typ aus dem Heißluftballon sein.« Wir wollen wegen der *richtigen* Dinge in Erinnerung bleiben. Um generativ zu sein, reicht es nicht, *irgendeine* symbolische Unsterblichkeit zu erlangen. Spuren, die auf den Größenwahn oder den Narzissmus ihres Verursachers weisen, »verewigen« durchaus, auch herostratische Taten, aber sie qualifizieren natürlich nicht für das ehrende Andenken. Generativ ist der Wunsch, sich einen Namen zu machen, nur dann, wenn man sich für eine gute, eine die Welt verbessernde Sache eingesetzt hat.

Generativität ist mehr als ein Überlebensinstinkt, der sich in der biologischen Fortpflanzung erschöpft. Wer einen Roman schreibt, eine Symphonie komponiert, ein Kind erzieht, einen Garten anlegt oder ein Geschäft aufbaut, investiert immer auch in die eigene symbolische Unsterblichkeit, auch wenn ihm das zum Zeitpunkt des generativen Handelns nicht immer bewusst ist. In unseren jungen Jahren sind wir in erster Linie deshalb kreativ, weil wir uns beweisen und unsere Talente ausleben wollen. Wir möchten vorankommen und etwas leisten, um Sinn und Anerkennung zu finden.

Wir sind zu altruistischem und fürsorglichem Handeln schon deshalb bereit, weil es unserer Natur als soziale Wesen entspricht und wir uns gut dabei fühlen. Aber erst im mittleren Lebensalter taucht ein besonderes Motiv auf: Wir ziehen eine Zwischenbilanz, reflektieren nun sehr intensiv über unsere Biografie, und wir denken darüber nach, ob es so etwas wie ein Vermächtnis, eine Spur unseres Daseins geben wird. Wozu haben wir gelebt? Was bleibt, wenn wir gehen?

Erik H. Erikson entwarf den Lebenszyklus des Menschen als eine »Treppe«, deren Stufen die großen Phasen markieren. Dabei ist die Stufe des reifen, generativen Erwachsenenlebens überproportional breit, und sie ist wichtiger als die anderen. Die vorletzte Stufe ist das teleologische Zentrum der menschlichen Entwicklung. Alles davor dient der Ausbildung der psychischen Fähigkeiten, die uns generativ sein lassen. Alles, was danach kommt, meist in unseren Siebzigern und Achtzigern, ist nur noch Bilanz und Abrundung. Die Aufgabe des hohen Alters ist es, das eigene Leben so, wie es war, akzeptieren zu lernen. Die unausweichliche Konfrontation mit dem eigenen Ende wird erträglicher, und wir bleiben von der Verzweiflung angesichts eines ungelebten Lebens verschont, wenn wir auf etwas zurückblicken können, das uns stolz oder zufrieden macht. Wir können das Leben loslassen, wenn wir im Rückblick ein generatives Element darin finden. Die Ergebnisse unserer Weltverbesserungsbemühungen bieten uns Trost – wir leben symbolisch weiter.

Die Generativität ist der existenzielle Schlussstein im Lebensbogen. Sie ist das eigentliche Ziel der menschlichen Entwicklung, in ihr kulminieren die Ich-Stärken und Talente des Einzelnen. Sie ist die Tugend, die auf Vollendung des Lebenslaufes gerichtet ist und die uns zugleich hilft, den individuellen Lebenszyklus in den großen Strom des Seins einmünden zu lassen, in den Zyklus der Generationen.

Die biologische Reproduktion mag das Fundament, die Voraussetzung jeder Generativität sein. Aber die Zeugung von Nachkommen ist an sich noch nicht generativ. Entscheidend ist, wie diese betreut, erzogen, für die Zukunft vorbereitet und in die Autonomie geleitet werden. Und ebenso entscheidend ist, wie wir, wenn wir uns nicht leiblich fortpflanzen, andere Dinge hinterlassen, die anderen nach uns nützen werden und die Welt um eine Spur, und sei sie auch noch so gering, verbessert haben.

Die tiefere psychische Bedeutung der Generativität liegt darin, dass sie unser Verständnis von Reproduktion erweitert: Das Leben des reifen Erwachsenen sollte vor allem der kulturellen »Fortpflanzung« gewidmet sein. Generative Menschen sichern ihr eigenes Weiterleben, indem sie sich um den Bestand der Kultur, um die Erhaltung der natürlichen Umwelt und um die Stabilität der sozialen Institutionen kümmern, in denen sie leben. Es geht in der generativen Lebensphase darum, den Jüngeren die geistigen, sozialen und emotionalen Fähigkeiten zu vermitteln, zusammen mit den Symbolen und der Infrastruktur der Kultur, damit sie ihrerseits all dieses an ihre Nachkommen weitergeben können.

Religion: Hoffnung –
die bessere von zwei Alternativen

Die Idee eines »Weiterlebens«, in welcher Gestalt auch immer, entstand in der Evolution des Menschen vermutlich bald nach dem Bewusstwerden der Vergänglichkeit: Je deutlicher der Mensch seinen eigenen Tod antizipieren konnte, desto dringender brauchte er etwas, das ihm über die Schwere dieses Gedankens hinweghalf. Anthropologen schätzen, dass die Menschen vor etwa fünfhundert- bis dreihunderttausend Jahren begonnen haben, ihre Verstorbenen in einer Weise zu bestatten, die darauf schließen lässt, dass es sich um mehr als nur eine Entsorgung der Leichen handelte. Vor allem die Grabbeigaben wie Werkzeug, Waffen, Nahrungsvorräte, sogar Pferde und Wagen, bis hin zu den Schatzkammern in den Monumentalgräbern der ägyptischen Pharaonen, lassen auf detaillierte Vorstellungen vom Weiterleben in einer anderen Welt, in einem Jenseits schließen.

Die Bestattungsrituale entstanden im religiösen Kontext einer Gesellschaft. Der Ethnologe Bronislaw Malinowski sah den eigentlichen Sinn von Religion in dem Motiv der Überwindung von Todesangst durch die Hoffnung auf Unsterblichkeit: »Von allen Ursprüngen der Religion ist das letzte Grundereignis des Lebens – der Tod – von größter Wichtigkeit. Die Überzeugung des Menschen von der Kontinuität des Lebens ist eine der höchsten Gaben der Religion, welche – durch den Selbsterhaltungstrieb suggeriert – die bessere der beiden Alternativen, die Hoffnung auf ein fortdauerndes Leben, prüft und wählt.«

Die Religionen haben mehr oder weniger elaborierte Antworten auf die Frage gegeben: Was kommt nach dem Tod? Gibt es eine jenseitige Welt? Gibt es eine unsterbliche Seele, und wo wird sie sich nach dem Sterben des Leibes aufhalten? Nichts weniger als »die Auferstehung des Fleisches und das ewige Leben« wird ja im christlichen Glauben beschworen.

Auch die anderen monotheistischen Religionen entwickelten mehr oder weniger konkrete Jenseitsszenarien. Im alten Judentum fällt das Fehlen einer *individuellen* Unsterblichkeitserwartung auf. Das jüdische Volk sah sich in seiner frühen Epoche getröstet genug in der Verheißung, durch biologische Fortpflanzung weiterzuleben: Dem Stammvater Abraham wurde prophezeit, dass er so viele Nachkommen wie Sterne am Himmel haben werde. Als jedoch im Widerstand gegen das Römische Reich immer mehr junge Menschen einen frühen Tod fanden, wurde die kollektive Unsterblichkeit zur individuellen: Die Auferstehung des Einzelnen galt nun als Wiederherstellung der göttlichen Gerechtigkeit. Das Christentum übernahm später diesen Gedanken.

Eine Weltreligion unterscheidet sich grundlegend von den monotheistischen, vor allem in der Frage der Unsterblichkeit: Für den Buddhismus sind Vergangenheit und Zukunft relativ bedeutungslos, denn alle Zeiten fließen in der Gegenwart zusammen. Die buddhistische Welt ist eine Welt der totalen Gegenwart, des Seins im Hier und Jetzt. Dass die Dinge des Seienden »im Fluss« sind, verhüllt nur ihre Irrealität. Die ewige Wiederkehr, der ewige Neubeginn in verschiedenen Reinkarnationen ist unser Schicksal – bis zur Erlösung, dem Aufgehen im Nirwana.

Die Idee der Reinkarnation faszinierte die westliche Welt immer wieder – und heute hat ein regelrechter Buddhismus-Boom diese Idee in viele Köpfe getragen. Sie scheint aus verschiedenen Gründen gut in unsere westliche Leistungsgesellschaft zu passen: Zum einen kann man, eine entsprechende Lebensführung vorausgesetzt, in ein neues Leben »versetzt« werden, fast so wie in eine höhere Schulklasse. Zum anderen mildert diese Vorstellung den harten Schnitt, den der Tod darstellt – das kommende Leben schließt an die gegenwärtige Existenz an. Die Kränkung, die von modernen Wohlstandsbürgern darin gesehen wird, auf dieses eine Leben beschränkt zu sein, lässt sich aufheben im Gedanken der Wiederverkörperung.

Im westlich adaptierten Reinkarnationsmodell ist außerdem ein Element von Machbarkeit enthalten – meine eigenen Taten, mein Karma bestimmen darüber, wie ich nach dem Tod weiterlebe. Ich bin nicht mehr auf Gnade angewiesen, ich bestimme selbst, was mit mir nach dem Tod geschieht. Der Theologe Rüdiger Sachau sieht in diesem Denken ein Wohlstandsphänomen, vor allem aber auch eine Simplifizierung des menschlichen Leidens. Der Respekt vor dem menschlichen Leben werde unterhöhlt durch pseudobuddhistisches Räsonieren wie: »Es gibt Gründe, warum du jetzt leidest, der Krebs ist halt dein Karma, nimm ihn an, im nächsten Leben wird es besser.« Gott selbst tritt bei diesem »Modell« in den Hintergrund, eigentlich wird er in der Mechanik des Karmas nicht mehr wirklich gebraucht.

Mehr und mehr Menschen sind für die Idee zu haben, dass sie schon einmal gelebt hätten. Aber diese stark esoterisch beeinflusste Reinkarnationsvorstellung hat sich sehr weit von ihrem buddhistischen Ursprung entfernt – Reinkarnation ist eine Art Chance: neues Spiel, neues Glück. Im Buddhismus ist die Wiedergeburt eine Strafe. Erst wenn der Kreislauf der Reinkarnationen durchbrochen wird, ist der Mensch erlöst, auch vom Sterben.

Die Vielfalt der Vorstellungen vom Weiterleben ist ein Abbild des unerschöpflichen und äußerst kreativen menschlichen Strebens, dem individuellen Tod als einem endgültigen Ereignis zu entkommen. Sahen die Gnostiker den Menschen primär als Geistwesen, das durch mühsame Erkenntnisarbeit seine wahre Bestimmung findet und nach dem Abstreifen der leiblichen Hülle zu seinem göttlichen Ursprung zurückkehrt, so hat der technische Fortschritt zeitgemäßere, wenn auch bizarrere Vorstellungen entstehen lassen: Die Kryoniker lassen ihren Leichnam einfrieren, um auf eine Zeit zu warten, in der alle Krankheiten geheilt und alle Alterungsprozesse gestoppt werden können. Computerwissenschaftler suchen nach Möglichkeiten, ihren Geist – präziser: den Informationsinhalt ihres Hirns – zu scannen und digital zu speichern, sodass er unabhängig vom vergänglichen Körper auf einer Festplatte weiterexistieren kann.

Der Zukunftsforscher Hans Moravec schildert diesen hypothetischen Vorgang in seinem Buch *Mind Children* so: »Der Roboter öffnet Ihre Schädeldecke und legt die Hand auf die Oberfläche des Gehirns … Die Roboterhand tastet die ersten Millimeter der Hirnoberfläche ab. In Verbindung mit einem umfassenden Verständnis der menschlichen Neuronenstruktur ermöglichen diese Messergebnisse dem Chirurgen, ein Programm zu schreiben, das das Verhalten der obersten Schicht des abgetasteten Gehirngewebes simuliert... Schließlich ist Ihr Schädel leer... Ihr Geist ist jetzt an den glänzenden neuen Körper angeschlossen.« Die Frage ist, welche Art von Weiterleben das sein wird, das eine solche Kopie ermöglichen könnte. Information ist nicht alles – oder doch? Manche Atheisten finden in dem physikalischen Satz von der Erhaltung der Energie Hoffnung und Trost: Der Mensch nimmt als eine Ansammlung von Energie nach seinem Tod nur eine andere Form an. Welche, das bleibt abzuwarten. Und eine besondere Spielart der kollektiven Unsterblichkeit prägte das Denken des Marxismus-Leninismus: Durch die Mitarbeit am großen historischen Projekt – der Aufhebung der Klassengesellschaft – findet der Einzelne Sinn und Erfüllung seiner Existenz.

Für viele Menschen ist der Gedanke an eine Ewigkeit, selbst wenn sie in ewiger Glückseligkeit besteht (falls wir gut abschneiden beim Gerichtstag), eine durch und durch bedrückende, schreckliche Vorstellung: Was bedeutet es, wenn nichts vergessen und alles aufgerechnet und festgehalten wird, auf immer und ewig? Wenn wir mit allen, die uns ins Jenseits begleiten oder dort schon auf uns warten, auf immer zusammen sind – auch mit denen, die wir heute lieben? Ist das auszuhalten, für *immer*?

*Philosophie: die Erfindung
der unsterblichen Seele*

Den meisten jedoch gibt der Gedanke an eine wie auch immer geartete Unsterblichkeit Hoffnung. Das andere, das große »Aus!«, ist und bleibt schwer zu verstehen. Es widerspricht, zum Beispiel, unserem angeborenen Sinn für Gerechtigkeit und Fairness. Und die Aussicht, dass da noch etwas kommt, macht die Menschen in dieser Welt besser, glaubten schon die Philosophen der Antike: »Denn wäre der Tod eine Trennung von allem und jedem, so wäre es für die Bösen, wenn sie sterben, ein willkommenes Geschenk, nicht nur vom Körper, sondern auch von der ihrer Seele anhaftenden Schlechtigkeit zugleich befreit zu sein. So aber, da sie sich als unsterblich erwiesen hat, dürfte es für sie keinen anderen Schutz vor dem Übel und keine andere Rettung geben als das Streben, so gut und vernünftig wie möglich zu werden«, schreibt Platon im *Tod des Sokrates.*

Die Philosophie erbte von der Religion das Problem, eine Antwort auf den Tod zu finden. Der Tod war im Grunde immer die wahre Muse der Philosophie, von ihren Anfängen in Griechenland bis zu den Existenzialisten des 20. Jahrhunderts. Und eine der größten Erfindungen des menschlichen Geistes war die Idee, die die Griechen *athanasia* und die Römer *immortalitas* nannten – die Unsterblichkeit. Unsterblichkeit heißt, das Sterben und der Tod sind lediglich Übergangsstadien, in denen die sichtbare Existenz in eine unsichtbare, unbekannte Lebensform übergeht. Das bedingt die Zweiheit der Person, die Unterscheidung von Körper und Seele, und es setzt den Glauben an eine unzerstörbare Existenz voraus – in Gestalt der Seele, die sich vom sterblichen Körper befreit und weiterlebt. Sie galt als das wahre Wesen, als die Vollendung der Person.

Unsterblichkeit ist die Fortdauer der Seele nach dem Tod, und symmetrisch zu diesem Gedanken ist die Annahme der Präexistenz – die Seele existierte auch schon vor der Geburt des Individuums. Platon lässt sie deshalb bei der Geburt »wiederkehren« – und dass wir nur etwas leiblich ausführen, was schon da war, zeige sich vor allem dann, wenn wir uns zu irdischen Lebzeiten an das Präexistente erinnern: »Denn das Suchen und Lernen ist durchweg Wiedererinnerung.« Die Präexistenz der Seele ist Bewusstsein oder Erkenntnis, und der Prozess des Seelenlebens ist nichts anderes als eine Anamnese. Aristoteles spricht von der Möglichkeit der ewigen Existenz des Verstandes oder der Vernunft, eine Vorlage für die mittelalterliche Philosophie: Das Kognitive ist der Träger des Weiterlebens, unsterblich ist im Grunde also die Beziehung zwischen dem Denken und dem Gedachten, und der Inhalt des Denkens wird wichtig.

Diese Idee hat Moses Mendelssohn in seinem Traktat *Phaedon oder über die Unsterblichkeit der Seele* (1767) wiederaufgenommen. In der Unsterblichkeit gehe es um die ewige Fortdauer des Bewusstseins der denkenden Wesen und ihres Selbstgefühls. Gott sei nicht nur der Schöpfer, sondern auch der »Erhalter« – und wenn wir von dem »beschwerlichen Gesellschafter« namens Leib getrennt seien, bedeute das nicht das Ende. Denn: »Der gütigste Versorger wird sein Wunderwerk nicht vernichten, und der Mensch kann deshalb zum besten und billigsten Versorger Vertrauen haben.«

Immanuel Kant lehnte diese tröstliche Position rundweg ab. In einem Brief an Mendelssohn schrieb er: »Wir sind ... im Bereiche der Erdichtung, und die Denklichkeit ist bloßes Blendwerk.« Ihm fehlten, so begründete er seine Haltung, schlicht die »Data«, die harten Fakten, um diese Auffassung zu untermauern: Wenn man sich als das Subjekt oder als den Grund des Denkens denke, dann sage das nichts über eine Substanz oder eine Ursache des Gedachten aus.

Dennoch besteht die philosophische Tradition fort, die den menschlichen Geist und die Idee als Träger von Tradition und Kontinuität des Seins ansieht: Von Platon bis Husserl bestehen Philosophen auf der Unsterblichkeit des Gedachten und Geschriebenen, auf der »Ewigkeit der Texte«. Ideen sind deshalb so dauerhaft, weil sie »in den Dingen« sind, sie sind das schöpferische »Innere« der menschlichen Werke. Wissen ist – im Gegensatz zu Meinungen – das eigentlich Beständige, Vernünftige, das Besondere des Menschen. Die Kontinuität des Wissens, so sehen es die Platoniker, vermittelt eine Ahnung von Ewigkeit.

Wer hat Angst vorm bösen Tod?

Non fui. Fui. Non sum. Non curo. *Ich war nicht. Dann war ich. Nun bin ich nicht mehr. Es ist mir gleich.* So lautete die Inschrift, die manche Stoiker auf ihre Grabstelen setzen ließen. Er ist die stolze Trostverweigerung einer philosophischen Denktradition: die in Stein gemeißelte Zustimmung zur absoluten Endlichkeit des Seins. Und doch verrät das »Ich war«, ja eigentlich der ganze Grabspruch den Wunsch, von einer Nachwelt für genau diese Tapferkeit bewundert zu werden. Auch die Todesverächter wollen im Gedächtnis der Nachwelt weiterleben, auch sie wollen nicht spurlos gelebt haben. Die Stoiker fügen sich nahtlos in die Totenkultur der Antike ein.

Stoischer noch als der klassische Stoizismus gibt sich der moderne Nihilismus. Er tritt am radikalsten in Max Stirners nihilistischem Solipsismus zutage. In seinem Buch *Der Einzige und sein Eigentum* (1845) erklärt er: Alles, was ist, ist nur durch mich. Ohne mich ist nichts. Nach mir ist nichts. »Nichts hätte ihn mehr amüsiert als der Anblick eines kinderlosen Greises, der sich um die Zukunft der ›Menschheit‹ sorgt«, schreibt der Philosoph Rudolf Burger, »und die moderne Angst vor einer ökologischen oder atomaren Apokalypse, in der die Menschheit stirbt, hätte er abgetan mit den Worten, dass diese schließlich seit jeher stirbt, seit sie als Gattung existiert; nur nicht auf einmal, sondern sequenziell, was für den Einzelnen aber gleichgültig ist.«

Für Stirner ist jeder »Einzelne für sich eine Weltgeschichte«. Mit der Lehre dieses philosophischen Outcast wird jede religiöse Transzendenz, jeder objektive »Sinn« und jede soziale Verpflichtung zu albernem Plunder. Dieser Hohn über die Gier nach Sinn ist ein Schlag ins Gesicht der »Menschheit«, das diese nicht verzeiht. Eigentlich verzeiht sie es keinem Nihilisten so recht, keinem Nietzsche, keinem Schopenhauer und erst recht nicht einem Stirner. Deren trostlose Philosophie widerspricht den psychischen Bedürfnissen des Menschen zu sehr.

Und doch sind wir, trotz unserer vagen oder auch konkreten Hoffnungen auf ein Leben nach dem Tod, alle auch Gelegenheitsnihilisten. Der Philologe Burkhard Müller bringt die wahrscheinlich jedem Menschen eigene »basisnihilistische« Sicht des Seins so auf den Punkt: »Gott, der ewige Gott, wird gedacht als das einzige Bollwerk gegen die absolute Nichtigkeit, den Nihilismus der Zeit. Des Schreckens der Zeit werden wir, auch ohne besondere Neigung zur Philosophie, doch unausweichlich an unserer Sterblichkeit inne. Alle Erfahrung lehrt, dass der Mensch eine Zeit lang lebt, dann einem plötzlichen Unglück oder einem in die Länge gezogenen Alterungsprozess erliegt, sein abgelebter Körper hierauf verfällt und schließlich nichts mehr von ihm übrig ist. Wozu, um alles in der Welt, war es dann gut, dass er überhaupt gelebt hat?«

Und zu den anscheinend unsterblichen Gedanken gehören auch die der Skeptiker und Nihilisten: Ist die Geburt, das Da-sein-»Dürfen«, wirklich ein Geschenk und der Tod ein Übel? Müssen wir nicht das westliche Axiom infrage stellen, das Sein sei immer etwas Gutes, und zwar je länger, desto besser, und das Nichtsein etwas prinzipiell Schlechtes? Ist das Machen immer zum Besseren oder doch eher ein Hineinpfuschen in die Welt? Die Apotheose des Schaffens und die Verherrlichung der Kreativität, der faustische Drang nach Unsterblichkeit durch die Tat haben auch etwas beängstigend Manisches und Narzisstisches: »Es wird die Spur von meinen Erdentagen nicht in Äonen untergehen ...«

Die Seinsgier ist das Problem des modernen Menschen. Sie wächst sich aus in eine Angst vor dem Nichts, in eine regelrechte Nihilophobie, wie der Philosoph Ludger Lütkehaus meint: »Die Schöpfergestalten, die diese Zivilisation jenseits wie diesseits kreierte, hatten nie einen Zweifel daran, dass da zu sein oder hier zu sein etwas höchst Wünschenswertes sei. Deswegen konnten sie zum Beispiel in ihrer originärsten *generativen* Eigenschaft ihren Kindern ›das Leben schenken‹. Und deswegen erblickten ihre Kinder auch gemäß der Metapher vom Sonnenaufgang, den die generativen Schöpfer einst selbst erlebt zu haben glaubten, in der Stunde der Geburt frohgemut ›das Licht der Welt‹. Der schöpferische Impetus der westlichen Zivilisation ist auf eine ›Elternmetaphysik‹ gegründet. Diese Seinsbesessenheit führte unter anderem zum ›generativen Wahn‹, etwa in Gestalt der instrumentellen Sexualvernunft der katholischen Kirche und zur Verhunzung des Todes durch seine Verbindung mit Gericht, Hölle und Angst.«

Das Schöpferische, Generative gelte so sehr als das Selbstverständliche in der westlichen, abendländischen Kultur, dass es zur Obsession werde: »Den bedingungslosen Kampf ums Dasein und Weitersein aber verbindet diese Zivilisation mit dem zwanghaften Willen zum Mehrhaben und Mehrwerden. Auf Selbstbehauptung und Selbststeigerung kommt es an. Der Mensch, der die von ihr geschaffene Welt bewohnt, ist der inkarnierte Wille zu einem Über-Leben, das unablässig über sich selbst hinausschaffen muss.«

Dieser Positivismus, der das Dasein als das Gute und das Längerdasein und Mehrwerden als das noch Bessere betrachtet, ist im Grunde antigenerativ, denn er kann nicht von sich selbst absehen. Generativität wird zur Pseudogenerativität, wenn diese Fähigkeit fehlt, und nicht selten artet sie in narzisstische, megalomane Projekte aus, die das persönliche Weiterleben, den Nachruhm garantieren sollen, nicht aber das Wohlergehen künftiger Generationen. Letzteres ist dann nur das Alibi.

Die Verleugnung des Todes

Der Jenseitsglaube schwindet in den säkularisierten Gesellschaften Europas nach und nach. Darüber können auch religiöse Revivals, New-Age-Spiritualität oder Papstbegeisterung nicht hinwegtäuschen. Die Frage »Glauben Sie, dass mit dem Tod ›alles aus ist‹, wie man sagt?« bejahen bereits vierzig Prozent der Deutschen. An eine »unsterbliche Seele« glauben einundvierzig Prozent nicht mehr. Die Frage, ob sie an die Osterbotschaft von der Auferstehung der Toten glauben, verneinen neunundfünfzig Prozent.

Aber auch wer nicht oder nicht mehr an ein Jenseits und an die Unsterblichkeit der Seele glaubt, verhält sich häufig so, als unterliege sein Lebenswandel doch irgendwann einer Beurteilung. Auch Ungläubige denken über die Unsterblichkeit nach, sei es eine biologische, sei es eine symbolische. Auch ihnen ist wichtig, was die Nachwelt von ihnen denkt.

Mitten im Leben sind wir vom Tode umfangen? Nein, kein *memento mori,* nirgendwo. Das christliche Todesbewusstsein, das ja erträglich wurde durch den Jenseitsglauben, schwindet. In der modernen Gesellschaft ist der Tod mehr und mehr aus dem alltäglichen Bewusstsein verdrängt, wenn nicht gar ausgesperrt. Der reale Tod kommt kaum noch vor im Alltag, oder nur sehr vermittelt: verharmlost, ästhetisiert, als Metapher. Die Menschen schieben das reale Sterben ab in Randbezirke, in gemiedene Zonen. Sie vermeiden sogar, wenn es irgendwie geht, zu Zeugen von realer Agonie, von Tod und Begräbnis zu werden. Sie überlassen die Geschäfte des Todes und die Begleitung der Sterbenden nur zu gern den Profis – Altenpflegern, Medizinern und Seelsorgern.

Das wirkt umso paradoxer, als uns der Tod gleichzeitig ein kulturelles Faszinosum geblieben ist. Wir machen die literarischen Händler des Todes reich, weil wir gar nicht genug vom (fremden) Sterben kriegen können: Serienkiller und ihre speziellen Tötungstechniken sind ein sicheres Rezept für Bestsellerkrimis. Allabendlich laufen im Fernsehen Filme, in denen auf alle nur erdenkliche Arten gemordet und massakriert wird. Und ein eigenartig morbider Detektivtypus ist der neue Held: Der CSI-Pathologe beugt sich mit kühler Professionalität über verstümmelte, vergiftete, verweste Leichen. Die Suche nach dem Mörder wird nicht mehr mit kombinatorischem Scharfsinn betrieben, sondern mit dem Arsenal der wissenschaftlichen Spurensuche. Man bringt die Leichen zum Sprechen.

Unsere Unterhaltungskultur watet knietief im Kunstblut und kommt ohne den massenhaften virtuellen Tod nicht mehr aus. Vermutlich ist diese Art der Beschäftigung mit dem Sterben eine besonders raffinierte Seinsvergessenheit, eine Verdrängung, eine Art Projektion: Der Tod in Film und Buch ist erstens erfunden, und zweitens stößt er immer anderen zu, so etwas passiert uns nicht. Die Illusion der Unverwundbarkeit wird durch den medialen Tod in der Unterhaltungskultur nur noch verstärkt.

Der wahre Tod jedoch wird, so gut es nur geht, abgedrängt und im Verborgenen gehalten. Vor allem der eigene Tod: Wir sind, wie Heidegger meinte, »Seinsvergessene«. Wir wissen natürlich und erkennen ganz abstrakt an, dass wir irgendwann sterben müssen. Aber wir verhalten uns so, als könnten wir ewig leben. Und weil wir uns nicht der eigenen Vergänglichkeit stellen, verlieren wir das wahre Leben. Denn die Furcht vor dem Tod und seine Verdrängung erzeugen ihre eigene Psychopathologie. Die Todesangst kann nur mit erheblichem seelischem Aufwand abgewehrt und unterdrückt werden.

Unsterblichkeitsstrategien aller Art

Der Gedanke an den eigenen Tod ist für die meisten Menschen auch dann schwer erträglich, wenn sie an ein Jenseits oder Weiterleben, in welcher Form auch immer, glauben. Erst recht angstbesetzt und unerträglich wird das Wissen um die Vergänglichkeit, wenn der Tod unwiderruflich das Ende des Einzelnen markiert und es keine Hoffnung auf ein »Überleben« des Ichs gibt. Umso mächtiger wird der Lebenshunger in einer Welt, die so viele Möglichkeiten zu Glück und Genuss zu bieten scheint wie die heutige: In limitierter Zeit müssen wir ein Überangebot nutzen und das Beste aus unserem Leben machen.

Damit wächst der Drang, möglichst viel in dieses eine, so kostbare Leben hineinzupacken und es nach allen Regeln moderner Lebenskunst »auszuleben«: »Nous avons toute la vie pour nous amuser, nous avons toute la mort pour nous reposer«, singt Georges Moustaki. Die Beschleunigung des Lebenstempos soll helfen, möglichst viel »unterzubringen«, vielleicht sogar mehrere Leben gleichzeitig zu leben. Alles, was den Lebensgenuss einschränkt, wird in der Moderne als doppelt schmerzhafter Verlust oder als Kränkung empfunden, denn etwas Unwiederbringliches geht verloren. Es ist das vermeintlich oder auch wirklich ungelebte Leben, die zahllosen verpassten Gelegenheiten, die viele angesichts des Todes verzweifeln lassen.

Aus Furcht vor dem Sterben entwickeln Menschen vor allem zwei Abwehrmechanismen. Zum einen hegen viele die Vorstellung von einem »letzten Retter«, der uns vor der Endgültigkeit und Gnadenlosigkeit des Todes bewahren kann. Der »Retter« ist ein mit magischen Kräften ausgestatteter Mensch, der uns liebt und schützt und letztlich sogar vor dem Stachel des Todes bewahrt. Diese idealisierte, mächtige Schutzperson können die Eltern oder der Partner sein, an die sich der »Schützling« in symbiotischer Hoffnung klammert.

Durch die Verschmelzung mit dem Retter werden der Gedanke an den Tod und die damit verbundenen Gefühle von Angst und Einsamkeit gebannt. Der Preis für dieses Einssein mit dem Retter ist hoch – die eigene Persönlichkeitsentwicklung bleibt stecken, die Individualität unterentwickelt. Es handelt sich um eine Todesverleugnung durch Regression: Wie ein kleines Kind glauben wir an die Allmacht der beschützenden, umsorgenden Eltern und flüchten in die Geborgenheit, die dieser Glauben bietet. Der »Beschützte« jedoch bleibt oft ein Leben lang abhängig vom Retter und von seinem Wohlwollen. Zerbricht dieses symbiotische Bündnis gegen den Tod, etwa durch Trennung vom Retter oder dessen Tod, dann stürzt der Abhängige umso tiefer in Verzweiflung und Depression. Der Glaube an einen »letzten Retter« findet seine Entsprechung im Aberglauben an andere »höhere« Mächte und Gottheiten, die vor dem Tod bewahren sollen.

Die zweite Abwehrstrategie ist die narzisstische Illusion »Ich bin einzigartig und unverwundbar – mir geschieht nichts!«. Diese Illusion flackert in jedem von uns gelegentlich auf. Wir alle glauben irgendwann tief im Innern, dass wir vielleicht doch unsterblich sind. So irrational der Gedanke ist, so sehr tröstet er uns doch hin und wieder. Freud schrieb: »Unser Unbewusstes glaubt nicht an den eigenen Tod, gebärdet sich wie unsterblich ... Vielleicht ist dies sogar das Geheimnis des Heldentums. Die rationelle Begründung des Heldentums ruht auf dem Urteile, dass das eigene Leben nicht so wertvoll sein kann wie gewisse abstrakte und allgemeine Güter. Aber ich meine, häufiger dürfte das instinktive und impulsive Heldentum sein, welches von solcher Motivierung absieht und einfach nach der Zusicherung des Anzengruberschen Steinklopferhanns: *Es kann dir nix g'schehn*, den Gefahren trotzt.«

Die Illusion der Grandiosität und Unsterblichkeit gewinnt jedoch in einigen Menschen die Kontrolle über ihr Denken und Handeln: Wie um die eigene Einzigartigkeit zu beweisen, streben sie nach Perfektion und Effektivität – sie werden zu Höchstleistungsathleten aus verdrängter Todesangst: Hyperaktive, Ruhmsüchtige, Workaholics. Es handelt sich um eine progressive Verarbeitung der Todesangst – wie beim Kind, das aus der Obhut der Eltern hinaustritt und sich die Welt erobert, dominieren Omnipotenzvorstellungen das Denken: Mir kann keiner – auch nicht der Tod. Wenn dieses Herausarbeiten der eigenen Besonderheit mit der Abwertung anderer Menschen einhergeht, sprechen wir von narzisstischen Persönlichkeiten. Auch hier kann die Abwehr zusammenbrechen – wenn gravierende Ereignisse wie Krankheit oder eine entscheidende Niederlage das narzisstische Bollwerk zerstören, ist der Zusammenbruch umso schlimmer, die Todesangst bricht mit ungebremster Wucht in die Psyche ein.

Beide Strategien verhindern die reife Auseinandersetzung mit der eigenen Sterblichkeit, und sie zeichnen eine Lebensweise vor, die letztlich den Weg zur symbolischen Unsterblichkeit und zu Generativität verbaut. Der daseinsanalytisch orientierte Psychotherapeut Thomas Fuchs schreibt: »Liebe zum Anderen oder zu sich selbst, die nicht hindurchgegangen ist durch das Bewusstsein des Todes – also die unreife Liebe, das Haben- und Besitzen-Wollen –, verstrickt sich in Abhängigkeiten und Absurditäten, die sie selbst zur Wurzel von Angst und seelischem Leiden werden lassen. Nur die angesichts des Todes gehärtete Liebe, die Liebe der selbstbewussten und freien Hingabe, die nicht mehr besitzen will, um dem Tod zu entgehen, die Liebe, die wirklich ›stärker ist als der Tod‹ – diese Liebe kann auch das Leiden an der Sterblichkeit heilen.«

Mit dem Schrecken fertig werden

Woody Allen war ein philosophisch traumatisiertes Kind. Als er las, dass sich das Universum ausdehnt, hörte er auf, seine Hausaufgaben zu machen. Seine Auseinandersetzung mit dem Existenzialismus und dem Tod ist nur als komische Koketterie maskiert: »Ich frage mich ständig, ob es ein Leben nach dem Tode gibt – und ob sie dort eine gute Reinigung haben.« Der Tod rumort nicht nur bei Allen, sondern bei allen unter der Oberfläche des alltäglichen Lebens und Treibens, und manchmal unterbricht er unsere routinierte Verdrängung und bringt sich unübersehbar und mit Nachdruck in Erinnerung: Flugzeuge stürzen ab, Züge entgleisen, Tsunamis und Erdbeben fordern Tausende Opfer, und Terroranschläge können uns an jedem Ort der Welt treffen. Wir sind in der Mediengesellschaft unvermeidlich und immer häufiger Zeugen dieser Ereignisse.

Wenn uns der Tod so entgegentritt, beeinflusst er auf vielfältige und uneingestandene Weise unser Alltagsverhalten. Die sogenannte Terror-Management-Psychologie beschäftigt sich mit unseren bewussten und unbewussten Reaktionen, wenn wir plötzlich mit der eigenen Sterblichkeit konfrontiert werden. Das sind in der Regel solche

Augenblicke, in denen die uns inhärente »Illusion der Unverwundbarkeit« für eine Weile durchbrochen oder aufgehoben ist – wir werden uns im Angesicht eines fremden Leidens und Sterbens der Zerbrechlichkeit der eigenen Existenz bewusst.

Wenn wir im Alltag Zeugen des Todes werden, verändert das *vorübergehend* unser Denken und Handeln, und zwar zum Positiven. Zeuge einer tödlichen Katastrophe zu werden, löst in uns Identifikationsängste aus – was wäre, wenn ich an diesem Strand, in diesem Hochhaus gewesen wäre? Die fantasierte Identifikation mit den Opfern bringt unbewusst unsere besten Eigenschaften zum Vorschein: Wir suchen die Nähe zu anderen, tauschen uns aus, wir werden sozialer, rücksichtsvoller, nachsichtiger, freigiebiger. Und wir suchen und bekräftigen unsere Verbindung zu einem größeren Ganzen, wollen Teil einer Gemeinschaft sein.

Wann immer uns der Tod entgegentritt – sei es im direkten Erleben oder über Fernsehbilder vermittelt –, erinnert er uns an die eigene begrenzte Lebensspanne und macht uns – jedenfalls eine Zeit lang – zu besseren Menschen. Wir werden also altruistischer und moralischer, und wir werden auch generativer, wenn uns unsere Sterblichkeit bewusst wird. Wir erinnern uns an die Werte unserer Gemeinschaft und versuchen, sie mit neu erwachtem Eifer zu erhalten und durchzusetzen. Denn sie sind kulturelle Symbole der Unsterblichkeit. Sie zeigen uns, dass wir einem größeren Ganzen zugehören und somit irgendwie geschützt sind gegen die Einsamkeit des individuellen Todes. Dieser Eifer und die todesbewusste Nachdenklichkeit halten allerdings selten lange an, und bald weichen wir dem Gedanken an den Tod wieder aus, so gut wir nur können. Der Schutzmechanismus der Unverwundbarkeitsillusion beginnt wieder zu wirken.

Der Tod wirkt als Motor der Kreativität. Er lässt die Fantasien und Tagträume um die unterschiedlichen Formen der Unsterblichkeit kreisen, um die religiös vermittelte, um die biologische, vor allem aber um die symbolische: Wie kann ich mein Dasein transzendieren? Der nächstliegende Weg ist, das eigene Leben zu einem Denkmal zu machen. Das Nachleben lässt sich sichern durch das »ehrende Andenken« von Familie und Freunden, aber auch durch eine ins Maßlose gesteigerte Monumentalität. Das Streben nach Macht ist eine Strategie, um die Mittel zu erlangen, mit denen man bleibende Spuren hinterlassen kann. Als François Mitterrand sein letztes Stündchen herannahen spürte, sagte er: »Gleich werde ich es wissen!« Wir ahnen, was er zu erfahren hoffte: eine Antwort auf die Frage aller Fragen, nämlich ob wir nach dem Tod in irgendeiner Form weiterleben.

Mitterrand, nominell ein Sozialist, in Wirklichkeit ein postmoderner Pharao, hat mit der Möglichkeit gerechnet, dass da nichts mehr kommt und dass *er* nicht mehr *wissen* wird. Also sorgte er auch auf andere Weise vor: Seine Unsterblichkeit sicherte er zum einen biologisch, zum anderen mit gigantischen Mengen von Beton und Glas: indem er in der Physiognomie von Paris unübersehbare Spuren seiner, nun ja, Größe hinterließ. Die *Très Grande Bibliothèque* und andere Bauten sind Zeugnisse eines Unsterblichkeits- oder Selbstverewigungswunsches mit megalomanen Zügen. Die Mächtigen können in gewissem Maße das Erinnertwerden erzwingen, durch Monumente und Taten, die »Geschichte machen«.

»Der Beruf des Politikers verführt, ja zwingt dazu, festzuhalten – die Macht, die Menschen, das Glück, das Bild der Omnipotenz«, schrieb Rolf Zundel 1989 in einem Essay über die »Süße Droge Macht«. »Dass jeder Abschied auch ein Anfang ist – diese Erkenntnis wird dem Politiker bitter hart. Pointiert ausgedrückt: Er arbeitet an *verkappten Unsterblichkeitsprojekten* ...« Mitterrand, zum Beispiel, übte Macht aus, auch um seinen persönlichen Mythos zu verewigen. So besteht eine Ungleichheit im Tod, der doch angeblich der große Gleichmacher sein soll.

Manche sind unsterblicher als andere. Nobelpreise, Rekorde, schöpferische Großtaten sichern symbolische Unsterblichkeit. Aber auch ein Eintrag im Guinness-Buch der Rekorde. Das Bedürfnis nach Verewigung ist universal. Nahezu jeder Mensch will auf die eine oder andere Art weiterleben, will auf die eine oder andere Art den Tod, die größte Kränkung des Menschen, überwinden. Dieses Verlangen nach irgendeiner Form von Unsterblichkeit wuchs umso mehr, als die Jenseitsgewissheit für viele verloren ging.

Unsterblich durch Selbsttranszendenz

Nicht in allen Kulturen wird der Tod beflissen verleugnet. Pedro Almodóvars Film *Volver* (2006) beginnt mit einer Szene auf einem Friedhof. Dort herrscht eine seltsame

Geschäftigkeit, eine Art Großputz: Vorwiegend Frauen reinigen Grabsteine und schmücken sie mit Blumen. Augustina, eine der Protagonistinnen, erscheint, um ihr *eigenes* Grab zu pflegen (»Das gibt mir innere Ruhe«). Das *memento mori* ist normaler Teil einer todesbewussten Alltagskultur. Die Erinnerung an den Tod, das betonen die Philosophen und Theologen, soll uns zum besseren Leben anhalten: Nutze deine Zeit gut! Aber wir sind und bleiben in der Mehrheit Verdränger.

Sigmund Freud hat die Aufspaltung von rationaler Akzeptanz der eigenen Sterblichkeit und irrationalem Glauben an die persönliche Unsterblichkeit sehr genau untersucht. »Wenn man uns anhörte«, schreibt er, »so waren wir natürlich bereit zu vertreten, dass der Tod der notwendige Ausgang alles Lebens sei, dass jeder von uns der Natur einen Tod schulde und vorbereitet sein müsse, die Schuld zu bezahlen, kurz, dass der Tod natürlich sei, unableugbar und unvermeidlich. In Wirklichkeit pflegten wir uns aber zu benehmen, als ob es anders wäre ... Im Unbewusstsein [ist] jeder von uns von seiner Unsterblichkeit überzeugt.«

Und Freud räsoniert über die negativen Folgen, die die Todesverleugnung für das Leben hat: »Wäre es nicht besser, dem Tode den Platz in der Wirklichkeit und in unseren Gedanken einzuräumen, der ihm gebührt, und unsere unbewusste Einstellung zum Tode, die wir bisher so sorgfältig unterdrückt haben, ein wenig mehr hervorzukehren? Es hat den Vorteil, der Wahrhaftigkeit mehr Rechnung zu tragen und uns das Leben wieder erträglich zu machen. Das Leben zu ertragen bleibt ja doch die erste

Pflicht aller Lebenden. Die Illusion wird wert' uns darin stört.«

Der Einzelne versucht dennoch, die Ill   zuerhalten oder sich zumindest symbolische Uns   keit durch Flucht in diesseitige Formen der Transzendenz zu verschaffen. Er sucht beispielsweise die warme Geborgenheit von Kollektiven und Gemeinschaften, auch und gerade heute, in der angeblich so illusionslosen Postmoderne. Und wie fast jede Kultur bietet auch die Postmoderne reichlich Fluchtmöglichkeiten an: Das emotional aufgeladene, ekstatische, rauschhafte Gruppenerlebnis ist auch heute die zeitgemäße Zuflucht der Ewigkeitshoffnung. An besonderen Orten der Transzendenz suchen viele die »ewigen Momente«, das Aufgehen im großen Ganzen – beim Rockkonzert, im Fußballstadion, bei Papstmessen, in Subkulturen und Kulten, Sekten und Stämmen.

In der künstlichen Parallelwelt des *Second Life* im Internet findet die uneingestandene Sehnsucht nach einer Ich-Erweiterung, vielleicht nach dem Mehrsein, letztlich also nach Selbsttranszendenz, ein neues, mühelos zugängliches Spielfeld. Was zunächst nur das Spiel mit einem Parallelleben ist, könnte sich zu dem Wunsch auswachsen, eine Form digitaler Unsterblichkeit zu erlangen. Das Ich im Spiel des »zweiten Lebens« ist ein Wunschbild, in der Gestalt und mit den Attributen des zu wählenden Avatars. Das ist eigentlich ein proteisch wandelbares Wesen, das dennoch keine Zeitdimension besitzt: nicht alternd, ewig jung, immer auf der Suche. Dieses andere Ich ist, wie das originale, »metropolitan einsam«, wie es in einem *Spiegel*-Artikel heißt, und gleichzeitig doch immer

…ndockbereit. Denn selbst in dieser virtuellen Welt ist das Dasein nur in der »Begegnung« realisierbar.

Aber diese Begegnungen bleiben notwendigerweise und in jeder Hinsicht steril. Die *Spiegel*-Autoren schreiben: »Das ist wohl eine der großen Bizarrerien dieses neuen globalen Gesellschaftsspiels: Ihre Teilnehmer kompensieren den Nachwuchs, den sie im ersten Leben nicht mehr wünschen, mit einer wuchernden Produktion im zweiten. Wir entvölkern die alte und bevölkern die künstliche neue Welt. Es ist, als hätten wir uns die verwüstete alte Welt abgeschminkt, um die neue künstliche aufzudonnern. Zum ersten Mal simuliert der Mensch die Erschaffung der Welt und die Selbsterschaffung gleich mit.«

Das »zweite Leben« ist wohl, aller Banalität und Ödnis der Kunstwelten zum Trotz, bewusst oder unbewusst, der Traum vom ewigen Leben, das per Mausklick machbar wird. Es ist eine symbolische Form der Selbsttranszendenz, der Alterslosigkeit, der Unsterblichkeit. Es gibt jedoch im »zweiten Leben« keinen Kristallisationspunkt für Generativität. Es ist kein Projekt, das aus der Welt einen besseren Ort machen könnte.

Neu an *Second Life* sind nur die technische Perfektion und die relative Fantasielosigkeit. Der Eintritt in eine virtuelle Welt setzt nur noch den Besitz eines PCs voraus. Die Idee eines zweiten Lebens jedoch ist alt: Sie taucht immer wieder auf in den unterschiedlichsten Fantasien und Techniken der Selbstverlängerung, in Jungbrunnen und in Zeitreisen, als pharmakologisch-faustische Fluchten in andere Welten, in Rausch und Geschäftigkeit, als Trips in esoterische Sphären oder ins belebte, ideale Jenseits.

Beachtet werden –
für fünfzehn Minuten

Macht und Reichtum gelten gewöhnlich als die Haupttriebkräfte der *agency*-Getriebenen. Sie sind der sichtbare Nachweis des Erfolges, der eigenen Tüchtigkeit. Aber nicht erst in der modernen Mediengesellschaft taucht ein neues, ein drittes Motiv auf: der Hunger nach Ansehen und Beachtetwerden. Neben das Geld ist heute eine andere Währung getreten, die Aufmerksamkeit. Wir leben mittlerweile, so sieht es der Sozialphilosoph Georg Franck, in einer ausgeprägten »Aufmerksamkeitsökonomie«. In diesem Wirtschaftssystem hat das Bedürfnis nach Selbstdarstellung und deren Auswüchse wie Promikult, Mediengeilheit und Eindrucksmanagement ganze Industrien begründet. Im sogenannten *celebrity motive* lässt sich eine neue Strategie der Ich-Erweiterung erkennen, die neben unmittelbaren Gewinnen an Aufmerksamkeitskapital auch kleine Renditen abwirft, wenn es um die symbolische Unsterblichkeit geht.

Jemand sein, wichtig erscheinen: Der Hunger nach Beachtung, nach dem Prominenten- oder wenigstens Semiprominentenstatus wird beispielsweise gestillt, wenn die Unterhaltung erstirbt und sich alle Blicke auf einen richten, sobald man einen Raum betritt. Es ist der Glücksmoment, der dadurch entsteht, dass andere aufgeregt zu flüstern beginnen, wenn man in einem Restaurant erscheint, es ist das warme Gefühl, wenn einen der Wirt im angesagten Lokal freudig begrüßt wie einen alten Freund. Diese tiefe Lust am Bemerkt- und Beachtetwerden treibt

Millionen zu großen Anstrengungen oder zumindest zu riskanten Zurschaustellungen, wie ein kurzer Blick in TV-Programme wie *Deutschland sucht den Superstar* beweist.

Die Psychologie hat das Motiv »Ruhmsucht« lange unterschätzt und außer Acht gelassen. Es galt ihr als zu oberflächlich, zu instabil und abhängig von Konjunkturen. Ruhm wurde eher als Folge oder Begleiterscheinung anderer ausgelebter Motive angesehen. Aber heute gibt es mehr Menschen als jemals zuvor, deren überragender Antrieb es ist, von möglichst vielen, auch von völlig Unbekannten, angesehen und beachtet zu werden. Das erscheint ihnen wichtiger als Reichtum oder Macht, die eher Nebenprodukte der Aufmerksamkeit sind.

Dieses Motiv, Berühmtheit zu erlangen, taucht erstaunlicherweise besonders häufig im fortgeschrittenen Lebensalter auf, wenn sich doch die Möglichkeiten, zu Ruhm zu kommen, schon erheblich verringert haben. »Aber das Motiv verschwindet nie, und wenn wir begreifen, dass wir es in *diesem* Leben nicht mehr schaffen, dann finden wir einen anderen Weg: den posthumen Ruhm«, schreibt der Altersforscher und Psychologe Orville Gilbert Brim in seinem Buch *The Fame Motive*. »Es ist fast wie der Glaube an ein Leben nach dem Tode – und früher konnten ja einige Menschen gar nicht abwarten, ins Jenseits zu gelangen.«

Brim entdeckt das Ruhm-Motiv nicht nur in den Glitzerwelten der westlichen Mediengesellschaft, er traf es bei seinen Recherchen überall an: Selbst in ländlichen, traditionell geprägten Gesellschaften ist der Trieb, aus der

Masse herauszuragen und beachtet zu werden, stark ausgeprägt, wie etwa anthropologische Studien in Indien zeigen. Die Witwen in armen Hindu-Dörfern sind durch Tradition dazu verurteilt, den Rest ihres Lebens trauernd zu verbringen, in dunkle Gewänder gehüllt und abseits des geselligen Lebens der anderen. Und doch versuchen sie auf oft groteske Weise, sich wenigstens in ihren Trauerritualen gegenseitig zu überbieten.

In den Mediengesellschaften erscheint die Chance, irgendeine Form von Berühmtheit oder Prominenz zu erwerben, unendlich viel größer als in eher rückständigen oder in Traditionen verharrenden Gesellschaften. Andy Warhols Prophezeiung, dass in Zukunft jeder irgendwann »seine fünfzehn Minuten Ruhm« bekomme, scheint sich zu bewahrheiten. Umfragen in chinesischen und deutschen Städten haben gezeigt, dass etwa dreißig Prozent aller Erwachsenen in ihren Tagträumen häufig der Vorstellung nachhängen, berühmt zu sein, und mehr als vierzig Prozent hoffen darauf, einmal »ganz groß rauszukommen«. Bei Teenagern liegen die Zahlen sogar noch deutlich höher.

Das zu glauben fällt leicht angesichts der in die Zigtausende gehenden Bewerbungen für Casting-Shows vom Typ *Germany's Next Topmodel*. Der Psychologe Bill Kasser glaubt bereits, dass es einen zeittypischen Persönlichkeitstypus gibt, der alles daransetzt, durch das Streben nach Ruhm seine Suche nach Lebenssinn zu befriedigen. Inzwischen gibt es eine Website namens *getfamous.de*, auf der sich Bewerber für eine der Nachmittagsshows und Vorabendserien vom Typ *Zwei bei Kallwass* oder *Niedrig &*

Kuhnt selbst posten können, um vielleicht eine Chance zu haben, gecastet zu werden.

Es liegt eine gewisse Ironie darin, dass Erik Erikson, der Erfinder und Propagandist der Generativität, sein Leben lang von der Suche nach Anerkennung getrieben war – so schildert es seine Tochter Sue Erikson Bloland in ihrer Biografie *Im Schatten des Ruhmes*. Erikson ist vaterlos aufgewachsen und wurde ein Leben lang von Selbstzweifeln geplagt. Er setzte sein beträchtliches Charisma und seine wissenschaftlichen und künstlerischen Talente vor allem für die Suche nach Beachtung, nach Respekt und Akzeptanz ein. Auch Eriksons bewundertes Vorbild Sigmund Freud war auf seine Weise ein Außenseiter und hatte deshalb ein besonderes Verhältnis zum Ruhm: Freud ist, nach eigenem Bekenntnis, nur zweimal in seinem Leben in Ohnmacht gefallen, und beide Male waren es Episoden, in denen sein wissenschaftliches Vermächtnis auf dem Spiel stand – und seine symbolische Unsterblichkeit gefährdet schien.

Das Wissen um die eigene Sterblichkeit ist offenbar eng mit dem Ruhm-Motiv verknüpft: Zwar verdrängen wir den Gedanken an den Tod die meiste Zeit, aber im Unterbewusstsein wirkt er unablässig. Er regt sich erst recht dann, wenn unsere Aufmerksamkeit ausdrücklich auf die Tatsache der eigenen Vergänglichkeit gelenkt wird – was in fortschreitendem Alter immer häufiger geschieht. Das Denken und Handeln fokussiert sich dann noch mehr auf die Persönlichkeitsanteile, die mit dem Selbstwertgefühl zu tun haben, und wir fragen uns immer häufiger, welche Wirkung wir auf andere gehabt haben: Was bleibt von mir? Wodurch bin ich »unsterblich«? Wie will ich im Gedächtnis bleiben?

Die Wahrscheinlichkeit jedoch, einen hohen Grad an Ruhm oder Bekanntheit zu erringen, etwa einen Nobelpreis, einen Oscar verliehen zu bekommen oder auf einem Gedenkstein oder Straßenschild *verewigt* zu werden, ist für die meisten Sterblichen so gering, dass ein solches Ziel all jene, die dennoch an ihm festhalten, in erhebliche psychische Unruhe stürzt. Wer sich auf den Ruhm als Form der symbolischen Unsterblichkeit kapriziert hat, muss viel investieren.

Ein Ziel, das so sehr von Zufällen aller Art und von der Bewertung anderer abhängt, ist tückisch. Es kann unendliche Mengen an Lebensenergie absorbieren und treibt die Ruhmsüchtigen zu immer neuen Anstrengungen. In einer von Gilbert Brim beschriebenen Studie der Psychologen Richard R. Ryan und Tim Kasser zeigte sich, dass Ruhmsucher ein höheres Maß an Stresssymptomen aufwiesen als andere Menschen, wenn sie in Interviews zu ihren Lebenszielen und Werten befragt wurden. Manche sind sogar bereit, ihr Leben zu verkürzen, um diesem Ziel näher zu kommen. Eine 1988 bei den Olympischen Spielen in Soul durchgeführte Befragung bei Topsportlern zeigte, wie mächtig das Streben nach symbolischer Unsterblichkeit werden kann. Auf die Frage »Würden Sie dopen, wenn Sie damit einen sicheren Olympiasieg errängen, Ihnen aber nach fünf Jahren der Tod ebenso sicher wäre?« antwortete mehr als die Hälfte mit »Ja!«.

»Wie willkürliches Gedächtnis und spurlose Vergessenheit stets zusammengehörten, so führt die geplante

Verfügung über Ruhm und Andenken unweigerlich ins Nichts, dessen Vorgeschmack schon am hektischen Wesen aller Zelebrität sich wahrnehmen lässt. Den Berühmten ist nicht wohl zumute. Sie machen sich zu Markenartikeln, sich selber fremd und unverständlich, als lebende Bilder ihrer selbst wie Tote. In der prätentiösen Sorge um ihren Nimbus vergeuden sie die sachliche Energie, die einzig fortzubestehen vermöchte.« So beschrieb Theodor W. Adorno den »Tod der Unsterblichkeit«, viele Jahrzehnte bevor sich der Promikult der heutigen Mediengesellschaft zu ungeahnten Exzessen steigerte.

Spuren hinterlassen

Das *fame motive* ist bei fast jedem Menschen in der einen oder anderen Form virulent, auch wenn vordergründig keine Ruhmsucht erkennbar ist: Selbst Schüchternheit und Bescheidenheit können Aufmerksamkeit sichern. Ein bekannter Sozialwissenschaftler fühlte sich geschmeichelt, als ihn ein Kollege auf einem Kongress als nächsten Redner ankündigte und dabei ironisch als »Weltmeister der Bescheidenheit« bezeichnete.

Natürlich ist nicht jeder gleichermaßen begierig nach Aufmerksamkeit wie die Süchtigen. Doch nahezu alle, auch die Schüchternen und Stillen, versuchen, zumindest innerhalb ihrer unmittelbaren Lebenssphäre einige Beachtung zu erlangen, respektiert zu werden und die Spuren ihres Daseins zu beglaubigen. Fotoalben, Filme, Tagebücher, aber auch die für andere sichtbar ausgestellten

»Beweise« für die eigene Existenz wie private Bibliotheken, Dankschreiben, gerahmte Diplome, Erinnerungsstücke und Kunstsammlungen sind aufmerksamkeitswirksame Dokumente, in denen das Ich seine Bedeutung erkennt und sich seiner selbst vergewissert.

Die Wohnungen mancher Menschen sind kleine Museen ihres Ichs, anrührend und erschreckend in der Überfülle der zur Schau gestellten Memorabilia: Fotos, Gemälde, Urlaubserinnerungen, Kunstgegenstände, Urkunden... In dem Spielfilm *One Hour Foto* erklärt der vereinsamte, nach Beachtung hungernde Fotolaborant mit psychopathischen Zügen (gespielt von Robin Williams): »Ich war hier, ich war wichtig genug, dass jemand Fotos von mir gemacht hat...« Er fantasiert sich in die Familien hinein, deren Fotos er entwickelt, und versucht so, »Anschluss« zu gewinnen.

Die meisten der »normalen« Ruhmsucher bleiben in der Regel Subprominente und Unvollendete: Es reichte vielleicht zum Vereinsmeister im Tennisclub oder zu einer lobenden Erwähnung in der Firma. Umso sorgfältiger pflegen viele die Zeugnisse des eigenen limitierten Ruhms. Eine neue, Anfang des 21. Jahrhunderts wieder in Mode gekommene Variante der Selbstvergewisserung ist die privat betriebene Genealogie. Was früher Adligen vorbehalten war – die Rekonstruktion des Familienstammbaums –, ist nun ein wachsendes bürgerliches Bedürfnis, das von speziellen Agenturen befriedigt wird, im Idealfalle mit einem dicken, in Ziegenleder gebundenen Folianten, der die Herkunftsfamilien bis ins 16. Jahrhundert oder noch weiter zurück dokumentiert und vielleicht sogar Verbindungen zu einem adligen oder berühmten Vorfahren nachweist.

Diese Suche nach den eigenen Wurzeln ist eine Art retrograder Generativität: Der Versuch, sich seiner Herkunft zu vergewissern, ergibt im Grunde nur Sinn, wenn eine Fortsetzung beabsichtigt ist. Die Frage »Wer sind meine Vorfahren? Von wem stamme ich ab?« wird offenbar von Menschen gestellt, die sich als Zweig eines Baumes sehen wollen, der noch Früchte tragen soll.

Otto Rank, ein Freud-Schüler und der Entdecker des Geburtstraumas, sprach von der »neurotischen Natur der schöpferischen Kraft«. Der Wunsch nach Verewigung wird immer wieder gehemmt durch die Berührung mit dem Sterblichen um uns herum. Der Künstler als »Selbstverewiger« par excellence begibt sich deshalb in eine schizophrene Haltung: Er muss Distanz zur »Masse« (oder zum »Mainstream«) wahren, wenn er das Höhere und das »Reine« will. Das war der Gedanke hinter der L'art-pour-l'art-Bewegung, eigentlich hinter jeder Avantgarde, die dem Zeitgeschmack weit vorauseilt: der Versuch, buchstäblich nicht von dieser Welt zu sein, die Missachtung und den – auch kommerziellen – Misserfolg in einen Sieg umzumünzen.

Gleichzeitig braucht aber auch der Avantgardekünstler den Zuspruch, die Anerkennung der vielen. Denn wer entscheidet darüber, was unsterbliche Kunst ist? Er hofft auf das »Tribunal der Ewigkeit«, also die Nachwelt, sie wird den wahren Wert dieser Kunst erkennen und damit den Urheber unsterblich machen. Heute, so moniert der Kulturphilosoph George Steiner, herrsche das Zeitalter der Mediokrität: »Wie Zuschauen das Lesen und Bildschirme das Buch, so hat Bekanntheit die Unsterblichkeit abgelöst.« Maximaler schneller Eindruck und sofortiges Vergessen ist der Modus des Kunstkonsums, und Mode ist nur ein anderer Name für Vergänglichkeit. Es ist heute für Künstler unendlich viel schwieriger geworden, symbolische Unsterblichkeit zu erlangen.

Heroismus und Todesangst

Der Mensch ist das einzige Lebewesen, das ein Bewusstsein vom eigenen Tod, von der eigenen Vergänglichkeit besitzt. »Nichtmenschliche Spezies gehorchen nur dem Gesetz der Vitalität, aber die Menschheit steht ... ganz und gar unter der Herrschaft der Toten«, schreibt Robert Pogue Harrison. Der Gedanke, eine belanglose Existenz in einem gleichgültigen Universum zu sein, ist so schmerzhaft und ängstigend, dass Menschen ungeheuren seelischen Aufwand betreiben und endlos Energie und Fantasie in die Verleugnung dieses Gedankens investieren.

Für den Kulturanthropologen Ernest Becker ist Todesfurcht sogar das zentrale Motiv menschlichen Verhaltens, bei dem es immer darum geht, diese Grundangst zu kontrollieren. Die Verleugnung des Todes ist deshalb das Geschäft der Lebenden: »Darin liegt der Schrecken: aus dem Nichts hervorgegangen zu sein, einen Namen zu haben, ein Bewusstsein vom Selbst, tiefe Gefühle, ein unbändiges Verlangen nach Leben und Selbstausdruck – und trotz alledem sterben zu müssen.«

Weil die ontologische Angst uns zu überwältigen droht, tun wir alles, um sie im Unbewussten zu halten. Die »Lebenslüge der Person« (Becker) ist die erste Verteidigungslinie, die uns vor dem schmerzhaften Bewusstsein unserer Hilflosigkeit schützt: Jedes Kind borgt sich Macht von den Eltern und Erwachsenen und erschafft sich allmählich als eine Persönlichkeit, indem es die Eigenschaften dieser aus ihrer Sicht übermächtigen, gottähnlichen Figuren verinnerlicht: Wenn ich so bin wie meine allmächtigen Eltern, werde ich nicht untergehen.

Solange wir gehorsam innerhalb dieser Abwehrmechanismen bleiben, fühlen wir uns sicher und halten die Welt für handhabbar. Wir unterdrücken den Körper, um dadurch eine Seele zu erwerben, die von der Zeit nicht zerstört werden kann. Wir opfern Lust, um uns Unsterblichkeit zu erkaufen. Wir verkapseln uns in Status, Werke, Besitz, um dem Tod zu entgehen. Und während wir uns in dieser Festung einrichten, geht das Leben an uns vorbei.

Die zweite Verteidigungslinie stellt uns die Gesellschaft zur Verfügung – in Gestalt eines positiven Heldensystems. Dessen Funktion besteht darin, uns glauben zu lassen, dass wir unsterblich seien, wenn wir Teil von etwas werden, das größer ist als wir selbst und von überdauerndem Wert. Diese Ersatzunsterblichkeit verschaffen wir uns beispielsweise, wenn wir eine Familie gründen, ein Haus bauen, ein Vermögen machen, ein Buch schreiben, ein Reich erobern, dem Fortschritt und dem Wohlstand dienen, das Böse besiegen, eine Informationsgesellschaft aufbauen oder die Globalisierung vorantreiben.

Es ist die eigentliche Lebensaufgabe des Menschen, durch diese Art von Heldentum den Tod zu überwinden – weshalb jede Kultur ihren Mitgliedern ein ausgefeiltes System von Symbolen zur Verfügung stellen muss, das implizit oder explizit religiöser Natur ist. Kämpfe zwischen den Kulturen sind im Grunde nichts anderes als die von unbewussten Motiven angetriebenen und mit äußeren Vorwänden – ökonomischen Notwendigkeiten und politischen Programmen – getarnten Kämpfe zwischen unterschiedlichen Unsterblichkeitsprojekten: Heilige Kriege. Der Philosoph und Begründer der amerikanischen wissenschaftlichen Psychologie William James schrieb: »Der den Menschen eigene Instinkt für die Realität hat die Welt schon immer im Wesentlichen als eine Bühne für Heldentum angesehen.«

Ein Held war in den frühen religiösen Kulten der besondere Mensch, der in die Welt der Toten, in die Geisterwelt gehen konnte – und wieder zurückkam. Die Mysterienkulte des östlichen Mittelmeerraumes stellen dies ins Zentrum ihrer Lehre. Das Christentum, ein Konkurrent dieser Kulte, hat diese schließlich besiegt und seine besondere Darstellung von der Überwindung des Todes durch das Ostermysterium durchgesetzt: Christus ist erstanden! Der Psychologe Stanley Hall sah in all diesen Mythen und Geschichten eines Sieges über den Tod den Versuch der menschlichen Psyche, ein »Bad der Unverwundbarkeit« *(immunity bath)* zu nehmen gegen das größte Übel: den Tod und die Angst vor ihm.

Die heroische Bemühung, durch Teilnahme an überindividuellen Projekten, an einem großen Ganzen Unsterblichkeit zu erlangen, führt fatalerweise in immer neue Katastrophen: Heroische Unsterblichkeitsprojekte sind, das liegt in ihrer Natur, meist unvereinbar mit anderen. Unser Projekt gegen eures! Unsere »gute Sache« gegen eure, die nur vermeintlich gut ist. Unser Gott gegen euren. Die Wurzel allen Übels, aller Kriege und religiösen Konflikte sieht Ernest Becker nicht – wie Freud – in der natürlichen Aggressivität des Menschen, in seinem Egoismus oder seinen territorialen Instinkten. Er sieht sie vielmehr in dem Bedürfnis des Menschen, die eigene Todesangst in Schach zu halten, indem er sich ein heroisches Selbstbild zimmert (in dem paradoxerweise nicht selten auch Todesverachtung enthalten ist). Müssen wir wirklich diesen Preis entrichten, um die Todesangst einzudämmen?

Ist überhaupt ein bewusster, nicht destruktiver Heroismus denkbar? Zwei traditionelle Wege eröffnen sich: die Suche nach einem moralischen Äquivalent des Krieges und das Erlernen der *ars moriendi*, der Kunst des Sterbens. Letztere setzt eine Desillusionierung voraus, erst dann wird jenes existenzialistische Heldentum möglich, das zu der Erkenntnis gekommen ist, wie sehr es sich in die Verleugnung des Todes verstrickt hat. Aber dieser Weg setzt besondere Einsichten in die eigene Begrenztheit und die mutige Konfrontation mit der Sterblichkeit voraus. Das sind Einsichten, zu denen etwa ein Sokrates oder auch eine literarische Figur wie Zorba der Grieche (im Roman von Nikos Kazantzakis) fähig waren. Sie sind im Grunde Antihelden, die durch ihre Selbstironie, ihre Gelassenheit und ihren Mut zur Lächerlichkeit imponieren. Für eine

Mehrheit gelten hingegen noch allzu häufig die standardisierten Heldenmuster: Eroberer, Krieger, Macher.

Der desillusionierte Held jedoch wird frei für andere Arten des Mutes und des Engagements. Er kann dabei durchaus verzweifeln – oder, in einer kierkegaardschen Volte, auf die »Vitalität des Kosmos« vertrauen. Und er verlässt notgedrungen den engen Kreis der eigenen Gruppe, der eigenen Kultur. Paul Tillich sieht die Ethik dieses Heldentums im »transmoralischen Bewusstsein« – es ist eine Ethik, die nicht mehr ethnisch, sondern universal ist.

Einen dritten möglichen Weg, eine implizit generative Denkfigur, den eigenen Tod zu imaginieren, weist Harrison: »Wie immer die Kluft zwischen Natur und Kultur bestellt sein mag, beide Sphären haben miteinander zumindest so viel gemeinsam: Sie zwingen die Lebenden, den Interessen der Ungeborenen zu dienen. In einer entscheidenden Hinsicht verfolgen sie jedoch unterschiedliche Strategien: Die Kultur verewigt sich durch die Macht der Toten, während die Natur, soweit wir wissen, von dieser Ressource nur in rein organischem Sinne Gebrauch macht. In der Welt der Menschen sind Tote und Ungeborene natürliche Verbündete, und dies gilt in solchem Maße, dass Erstere von ihrer posthumen Wohnstatt aus – wo immer sie liegen mag – den Lebenden Gefühle von Schuld, Furcht und Verantwortung einflößen und uns mit allen erforderlichen Mitteln zwingen, die Ungeborenen in unsere Obhut zu nehmen und die Geschichte in Gang zu halten …«

Harrison geht in seinem generativen Gedankengang davon aus, dass es ein Bündnis zwischen den Toten und den Ungeborenen gibt, zwischen denen wir, die Lebenden, lediglich das Bindeglied, eine Brücke sind. Die Orte, an denen die Toten, also eines Tages auch wir, ein säkulares Nachleben führen, sind Gräber, Häuser, Gesetze, Wörter, Bilder, Träume, Rituale, Denkmäler dieser Welt. Aber auch die Archive der Literatur: Gerade die Stimmen der Literatur, schreibt Harrison, haben immer etwas Posthumes an sich. Denn ebenso wie menschliches Wohnen braucht das Nachleben Orte, an denen es stattfinden kann: »Wenn Menschen wohnen, dann lässt sich von den Toten sagen, dass sie sozusagen innewohnen – und das tun sie sehr häufig in demselben Raum.«

Das Posthume ist aus dieser Sicht ein bewahrendes Element – es enthält die »unabgeschlossene Geschichte des Geschehenen«. Jede Bestattung bedeutet nichts anderes, als dass man die Vergangenheit speichert. Harrison: »Unsere Psyche ist der Friedhof von Eindrücken, Traumata, Begierden und Archetypen, die dem Gesetz des Veraltens Hohn sprechen.« Das bedeutet: Als Homo sapiens sind wir die Kinder unserer biologischen Eltern. Als Menschen sind wir Kinder der Toten – des regionalen Bodens, den sie besetzt halten, der Sprachen, die sie bewohnen, der Welten, die sie ins Leben riefen, der zahlreichen institutionellen, juristischen, kulturellen und psychologischen Vermächtnisse, die sie, durch uns vermittelt, mit den Ungeborenen verbinden.

Liebe und Unsterblichkeit

Generativität ist das psychosoziale Äquivalent zur darwinschen *fitness*, die die biologische Evolution ermöglicht. Der evolutionäre Sinn jeder menschlichen Lebensstufe liegt darin, das Ich bestmöglich auf die Aufgaben der nächsten Altersstufen vorzubereiten. Das psychosoziale Programm des jungen Erwachsenenalters ist es, die Fähigkeit zu Liebe und Intimität zu lernen. Liebe markiert den entscheidenden Wendepunkt im Leben – der Mensch wird durch die Liebe vom Empfangenden zum Gebenden. Bis zu dieser Phase ist er in erster Linie der Empfänger von Zuwendung, von Wissen und Instruktionen, er ist mehr Objekt als Subjekt.

Die Liebe im frühen Erwachsenenalter ist das psychosoziale Laboratorium schlechthin. In diesem Labor werden die weiterführenden Fähigkeiten erprobt und entwickelt, die in der nächsten Lebensphase als Bausteine der Persönlichkeitsbildung zum Einsatz kommen:

- Ich-Verlust: die Fähigkeit, von sich abzusehen in der Identifikation mit einem anderen Menschen.
- Fürsorge: für jemanden da sein, sich um jemanden kümmern, auch als »neue Tugend« der Fürsorge für Ideen, Produkte und Werte.
- Verpflichtung: Treue, sich verlässlich erweisen, sich binden – und damit die Fähigkeit, Probleme zu überwinden, Kompromisse zu schließen, Durststrecken durchzustehen.
- Arbeitsteilung: als Paar leben, die Beziehungsmuster akzeptieren und komplementäre Rollen einnehmen.

Eriksons Theorie der Generativität lässt sich präzisieren durch die Überlegungen eines Denkers, der lange vor ihm gelebt hat. Vor über zweitausend Jahren hat Platon – eher nebenbei – eine Art Urtheorie der Generativität formuliert, indem er die komplexe Beziehung zwischen Eros, Kreativität und dem Streben nach symbolischer Unsterblichkeit offenlegte. Der gemeinsame Ausgangspunkt der beiden so unterschiedlichen Theoretiker ist die Rolle der Liebe im Leben des Menschen und der Wunsch, weiterzuleben nach dem Tod. Dieser Wunsch war für Platon ein eher bewusster und egoistischer, er sah darin nicht, wie Erikson, das Wirken eines Instinktes.

Im *Gastmahl* lässt Platon den Philosophen Sokrates und die Priesterin Diotima einen Dialog über den Zusammenhang von Liebe, Schönheit und Unsterblichkeit führen. Die darin entfaltete Theorie der Liebe schließt eine detaillierte Theorie der Generativität mit ein. Platon glaubte: Liebe bringt das Beste in uns zum Vorschein, und wir wollen, dass dieses überdauert. Mit anderen Worten: Wir wollen das, was an uns gut ist, verewigen.

Diotima spricht über das Verlangen des Menschen nach Zeugung, der des Körpers, aber auch der des Geistes:

›»Denn, mein Sokrates‹, sagte sie, ›die Liebe gehört nicht so schlechthin dem Schönen, wie du glaubst.‹

›Aber wem denn sonst?‹

›Der Erzeugung und Hervorbringung im Schönen.‹

›Mag sein‹, versetzte ich.

›Ohne allen Zweifel‹, erwiderte sie. ›Weil die Zeugung etwas Ewiges und Unsterbliches ist, soweit bei Sterblichen die Rede davon sein kann. Daher gehört dazu ...

neben dem Streben nach dem Guten auch das nach Unsterblichkeit, wenn anders die Liebe dem dauernden Besitz des Guten gilt.‹«

Durch die Liebe, so Platon, hat der Sterbliche Anteil an der Unsterblichkeit. Und Generativität, die liebende Fürsorge also, entsteht aus dem Wunsch, sich unsterblich zu machen, sein eigenes Leben zu überdauern, auch in der Form des »guten Namens« oder des Nachruhms oder, wie Diotima es im Dialog mit Sokrates nennt, des »unsterblichen Namens, der nimmer vergeht in der Zukunft«. Das Vergegenwärtigen, das Nachsinnen und In-Erinnerung-Rufen des Vergangenen ist für Platon ein Mittel der Unsterblichkeit. Er lässt Diotima sagen: »Vergessen nämlich ist das Verschwinden einer Kenntnis, Nachsinnen aber erneuert die Erinnerung an die schwindende Kenntnis und gibt ihr wieder Halt ... denn auf diese Weise erhält sich alles Sterbliche, nicht etwa dadurch, dass es schlechterdings immer dasselbe bleibt, wie das Göttliche, sondern dadurch, dass das Abgehende und Veraltende stets ein neues, von gleicher Art mit sich selbst, zurücklässt. Durch diese Veranstaltung, mein Sokrates, hat das Sterbliche Anteil an der Unsterblichkeit.«

Platon beobachtete, dass permanente Erneuerung die einzige Form ist, durch die sich lebende Organismen über die Zeit hinweg erhalten können. Es ist deshalb auch eine Form des »Überlebens schon zu Lebzeiten«, die die Sterblichen besitzen. Die Zellen des Körpers erneuern und ersetzen sich ständig im Menschen, damit er weiterleben kann. Eine solche »Erneuerung« und »Ersetzung« könne, so sah es Platon, auch nach dem physischen Tod des Menschen und außerhalb der leiblichen Sphäre stattfinden: durch eine Ausweitung des Selbst in die Zukunft mittels symbolischer Unsterblichkeit.

Was ist darunter zu verstehen? Ersetzt und erneuert werden nun nicht die Körperzellen, sondern das Denken, es findet eine Art mentaler Austausch statt durch die Vermittlung von Ideen philosophischer, wissenschaftlicher, künstlerischer, handwerklicher oder sozialer Art. Diese Ideen leben als Wissen im Denken der anderen, vor allem der Nachgeborenen, weiter. Ideen sind unsere geistigen Kinder: Wir gehen schwanger mit generativen Gedanken, Produkten und Projekten, und es ist der Eros, der uns inspiriert, sie in die Welt zu setzen, sie zu gebären.

Diese sexuelle Metapher verwendet Platon sehr bewusst. Eros, Zeugung und Geburt sind mehr als nur Analogien zwischen zwei Formen der Kreativität und Produktivität. Wir tragen in uns nicht nur das biologische Streben nach Verewigung, sondern auch das Streben nach geistiger Fortpflanzung. Wir wollen weiterleben auch durch Schöpfungen unseres Denkens. Deshalb pflanzen wir unseren Kindern, Schülern, Freunden, Mitmenschen etwas von uns ein, das in ihnen weiterlebt, das Früchte trägt und das sie ihrerseits wieder überdauern wird.

Platon hat als erster Denker erkannt, wie intensiv und leidenschaftlich unsere Bindung auch an abstrakte Objekte sein kann, an Dichtung, Kunst, Wissenschaft oder Philosophie. Die quasi erotische Fixierung auf solche Objekte führt zu einer Schwangerschaft der Seele und zu »Kopfgeburten«. Platon unterscheidet drei Arten geistiger Generativität:

- Künstlerische Ideen und Objekte, die uns überdauern, weil sie schön sind und als kulturelle Symbole dienen.
- Handwerkliche oder praktische Erfindungen und Ideen, etwa ärztliche oder technische Kunstgriffe, nützliche Herstellungsmethoden, praktische Weisheit. (Erikson präzisiert diesen Gedanken und hält nur das für generativ, was über eine Herstellungsroutine hinausweist. Die bloße »Aufrechterhaltung der Welt«, *so, wie sie ist*, mag zwar verdienstvoll sein, ist aber noch nicht generativ. Entscheidend ist erst eine Innovation im Sinne von Verbesserung, Erleichterung oder Humanisierung.)
- Schließlich Weisheit und Tugend, die sich in der Verbesserung sozialer Institutionen niederschlägt, im Erhalt von Familien, in der Ordnung der Gemeinwesen, in Gerechtigkeit – wie sie die großen Gesetzgeber, etwa Solon oder Lykurg, verkörpern.

Das Bindeglied zwischen solchen unterschiedlichen Gegenständen der Liebe ist der Sinn für Schönheit. Anders als für Freud ist für Platon die Schönheit in all ihren Erscheinungsformen kein bloßer Auslöser für die sinnliche Lust, offen oder verdeckt, sondern weckt die »höhere« Lust am Schaffen, Schöpfen, Erfinden. Außerdem weckt die Liebe in uns den Wunsch, das Schöne auf Dauer zu besitzen und zu genießen. Wobei Platon die Liebe zu den »richtigen Dingen« meint: nämlich zur Tugend, aber auch zum Geld, auch zum Ruhm.

Schöne Dinge sind unserem Glück zuträglich, sie haben also eher instrumentellen Charakter, darin unterscheidet sich Platon von Erikson, dessen Auffassung von

Generativität eher ein evolutionäres Denken zugrunde legt: Erst das Sich-Sorgen um die Nachhaltigkeit des Hervorgebrachten, sein Nutzen für die Nachkommen, macht aus dem Streben nach Kreativität und Unsterblichkeit einen generativen Akt – und unterscheidet narzisstische von altruistischen Hervorbringungen.

Das Streben nach Unsterblichkeit ist für Platon ein logischer Bestandteil des Wunsches, sich schöne und gute Dinge anzueignen. Aus diesem Wunsch folgt: Wer etwas so liebt, dass er es für immer haben will, der muss auch für immer leben. Der Eros hat deshalb mehr mit Unsterblichkeit zu tun als die anderen Begierden. Beides, biologische und geistige Reproduktion, sind Manifestationen desselben Wunsches, Unsterblichkeit zu erlangen. Und beide Formen können einander ersetzen. Nach unserem Tod hinterlassen wir etwas, was wir gezeugt – oder aber erdacht, geschaffen, gepflegt, gegründet, gefördert oder gestiftet haben. Es wird uns »an unserer Stelle« überleben.

Ruf und Nachruf

Der Ruf, die Reputation, die wir uns erwerben und in der wir überleben, ist in Platons Modell besonders wichtig: Er besteht in den Vorstellungen, die andere von uns haben und sich bewahren. Sich einen Namen machen, seinen Namen geben: Straßen, Gebäude, ein Verfahren, Theorien ... Was heißt jedoch Reputation in der Moderne? Das »Berühmtsein«, der »Name, den man sich gemacht hat«, ist fragwürdig geworden, weil Ruhm in der Mediengesellschaft oft genug leistungslos erworben wird. Die sogenannte Prominenz hat den alten Eliten weitgehend den Rang abgelaufen, wenn es um den bloßen Bekanntheitsgrad geht.

Doch wie können selbst ein noch so guter Ruf, ein noch so großer Nachruhm, noch so bedeutende Werke das Bedürfnis nach Unsterblichkeit befriedigen? Die Illusion des Nicht-sterben-Müssens mag bei manchen Geistesheroen, deren Werk und Ruhm sie schon zu Lebzeiten unsterblich gemacht haben, eine Zeit lang tragfähig sein. Aber der individuelle Tod bleibt eine Tatsache, er ist doch immer wieder der kränkende Beweis, dass wir eben nicht unsterblich sind. Worin könnte also die Kraft einer symbolischen Unsterblichkeit liegen, wenn es kein Ich mehr gibt, das sie erleben kann? Mit anderen Worten: Warum ist es uns nicht gleichgültig, was nach unserem Tod geschieht? Warum sind so viele um das »Urteil der Geschichte« besorgt und wollen »in guter Erinnerung« bleiben?

Die simple Antwort: Symbolische Unsterblichkeit ist das Zweitbeste, das man haben kann. Sicher, wir hätten schon gern die *richtige* Unsterblichkeit, wie Woody Allen betonte, und nicht nur die Ersatzunsterblichkeit unserer Werke und unseres Nachruhms. Es macht uns ja auch der bloße Anblick eines Stilllebens, also einer »symbolischen Mahlzeit«, nicht satt. Aber mehr ist nicht drin, mehr als das symbolische Überleben ist wahrscheinlich nicht zu haben.

Also streben wir eine Annäherung an die Unsterblichkeit an, denn das ist immer noch besser, als völlig spurlos zu verschwinden. Es macht Menschen offenbar zufrieden, zu wissen, dass sie auch nach ihrem Tod erinnert, bewundert oder geachtet werden – und zwar selbst von Menschen, die sie nicht kennen und nie mehr kennenlernen werden. Der Gedanke an die posthume Wertschätzung bringt uns Zufriedenheit oder gar Glück in der Gegenwart.

Und noch einen Gewinn ziehen wir aus der symbolischen Unsterblichkeit: Das Bewältigen der letzten großen Lebenskrise, die Auseinandersetzung mit der eigenen Lebensgeschichte angesichts des unvermeidlich heranrückenden Endes, fällt uns leichter, wenn wir uns vorher symbolisch verewigt haben. Wenn wir in der letzten Lebensphase auf die generativen Taten und Leistungen der vorletzten zurückblicken können, söhnen wir uns leichter mit uns und unserem Leben aus. Eine Art postnarzisstischer Liebe zum eigenen Ich wird möglich durch Urteile wie: »Es war, alles in allem, nicht schlecht« oder »Ich habe getan, was ich konnte«. Der Stachel des Todes wird dadurch gemildert, und die Rolle des eigenen Ichs im Zyklus der Generationen kann angenommen werden. Das Abgrenzungsbedürfnis des Selbst verliert nun an Bedeutung, und die Vergänglichkeit des Lebens irritiert nicht mehr so sehr.

Generativität und mit ihr die symbolische Unsterblichkeit entstehen durch die Veräußerung des Selbst: Was »in uns steckt«, was wir uns in einem mehr oder minder langen Leben angeeignet und auf höchst individuelle Weise assimiliert haben, soll nun weitergegeben werden. Wir teilen uns mit, im Wortsinne: Durch schöpferisches, fürsorgliches oder förderndes Handeln wirken unsere Ideen und Taten nun auf die Welt zurück, sie beeinflussen ihren Gang, und sei es noch so minimal.

Was wir produktiv und kreativ in die Welt setzen, »sieht uns ähnlich«. Die »Spuren unserer Erdentage« sind nichts anderes als die veräußerten Aspekte unseres Selbst. Sie bleiben, wenn wir längst vergangen sind: Nachhaltigkeit und Güte dieser Spuren sind die Kriterien für diese Hinterlassenschaft. Was uns jedoch symbolisch unsterblich machen soll, muss deshalb nicht nur altruistisch, ideenreich oder kreativ sein. Es muss in die Zukunft wirken und einen die Welt verbessernden Aspekt besitzen. Es muss, mit den Worten Platons, »schön und gut« sein. Dann sagt es: Wir waren da. Wir leben weiter.

5. Nach uns die Zukunft
Auf der Suche nach einer generativen Ethik

Armselige Welt, in der kein Platz mehr ist für Kinder und alte Leute. Die Kinder werden alt geboren, die Greise lassen sich endlos Zeit mit Sterben. Man ist ihnen böse, weil sie sich nicht ein bisschen beeilen.

ELIE WIESEL, *DER SCHWUR VON KOLVILLAG*

Das Objekt der Generativität sind die Kinder und Jugendlichen. Aber sie bleiben in jeder Kultur, in jedem politischen System naturgemäß eine unterrepräsentierte Interessengruppe. Das Wohl und Wehe von Kindern ist davon abhängig, dass die Erwachsenen Politik für sie machen – und das heißt vor allem, dass sie für Sicherheit, Gesundheit, materielle Versorgung und Bildung sorgen. Politkitsch wie »Kinder an die Macht« oder Symbolpolitik wie »Kinderparlamente« helfen Kindern nicht wirklich. Solche Aktivitäten können bestenfalls ein generatives Bewusstsein wecken oder wachhalten, meist sind sie jedoch Beschwichtigungen des eigenen Gewissens angesichts des generativen Versagens der »großen« Politik.

Seit etwa drei Jahrzehnten ist deutlich erkennbar, wie sich mit der steigenden Lebenserwartung auch die unterschiedlichen Lebensphasen des Menschen ausdehnen. Sie dauern heute viele Jahre länger als noch vor zwei Generationen. Mit einer Ausnahme: Die Kindheit, einstmals die Phase des allmählichen, unbedrängten Hineinwachsens in die Welt, wird kürzer. Die kindliche Entwicklung beschleunigt und verdichtet sich dramatisch. Immer mehr Erfahrungen und Lernprozesse werden – nach früher einmal geltenden Maßstäben der Entwicklungspsychologie vorzeitig – in die Kinderjahre gepresst.

So werden die heutigen Kinder immer früher und intensiver von Medien beeinflusst und geprägt, von auf sie zugeschneiderten Konsumangeboten belagert. Sie werden von komprimierten Bildungsplänen ebenso wie von maßlosen Elternansprüchen gefordert. Sie sollen schneller lernen, früher konsumieren, und sie müssen außerdem die wachsenden emotionalen Bedürfnisse ihrer Eltern befriedigen, indem sie als »Freunde« oder Partnerersatz vereinnahmt oder als Selbstverwirklichungsprojekt missbraucht werden.

Die Folge dieser Zumutungen ist eine mitunter verstörende Frühreife. In kindlichen Körpern stecken seltsam altkluge, lebens»erfahrene« Minierwachsene. Der Entwicklungspsychologe David Elkind spricht vom »gehetzten Kind«, und der Medienforscher Neil Postman prognostizierte schon 1982 das »Verschwinden der Kindheit«. Ein Marketing-Akronym fasst diese Entwicklung so zusammen: KGOY – *kids getting older younger*. Betroffen sind vor allem die bisher vorpubertären Prä-Teens zwischen acht und zwölf Jahren. Sie bilden heute fast schon eine eigene Generation, die »Tweens« (von *between* – zwischen

Kindheit und Pubertät). Tweens stellen eine Konsumentenschicht von beträchtlicher Kaufkraft in der Gegenwart und sind der Kundenstamm von morgen. Um sie zu »Markenspeichern« zu machen und früh zu binden, wird die Altersgruppe der Tweens werblich besonders intensiv bearbeitet.

Ausgerechnet in der Frühreife der heutigen Kindergeneration wird jedoch ein verblüffendes *generatives* Element erkennbar. Eine »Generativität praecox« zeigt sich beispielsweise in der kindlichen Gewitztheit bei ideologischen, ökologischen und politischen Fragen: Gerechtigkeit, Naturbewahrung und Zukunftssicherung sind plötzlich kindliche Themen geworden. Und diese Themen werden in Medien, Politik und Wirtschaft schon deshalb aufgegriffen, weil diese »neuen Kinder« kaufkräftige Konsumenten mit großem Einfluss auf ihre Eltern und in wenigen Jahren Wähler sind.

Die Kinder von heute denken häufig erstaunlich »grün« und nehmen die Lippenbekenntnisse und papiernen Versprechungen der Älteren beim Wort. Nicht selten erzwingen sie heute schon von ihren Eltern (und damit indirekt von Politikern und Konzernen) umweltbewusstes Denken und Konsumieren. Der Hype um den kleinen Eisbären Knut galt nicht nur dessen Niedlichkeit. Die Journalistin Iris Radisch schildert eine sicher nicht untypische Familienszene am Frühstückstisch, in der die täglichen Symptome der schleichenden ökologischen Katastrophe wie das Abschmelzen der Polkappen und das Aussterben des weißen Flussdelfins in China beredet werden: »Der arme weiße Flussdelfin! Warum tun wir das? Der Vater von Lorenz fährt schon lange mit Biosalatöl!«

Nach der beschleunigten Kindheit gilt jedoch bereits für die nächste Lebensphase umso mehr: Lass dir Zeit! Und die Früherwachsenen drosseln in der Tat das Tempo und verharren lange, sehr lange in der Adoleszenz. Die den Postadoleszenten zugestandene Orientierungsphase, das eriksonsche »psychosoziale Moratorium«, wird heute voll ausgereizt und das Erwachsenwerden bis in die Dreißigerjahre aufgeschoben. Längst hat sich eine neue Lebensphase zwischen Adoleszenz und Erwachsenenalter geschoben: Mit »emerging adulthood« oder auch »Odyssey years« benennt die Entwicklungspsychologie das Verzögerungsphänomen, die lang gezogene Phase des Sich-Orientierens, mitunter auch des ziel- und planlosen Herumirrens. Auch die sogenannte *quarterlife crisis* um die fünfundzwanzig ist ein Symptom dieser Lebensverzögerung oder -dehnung. Das durchschnittliche Heiratsalter in Deutschland stieg in den letzten Jahrzehnten von Anfang zwanzig bis nun auf über dreißig Jahre.

Am anderen Ende der Lebensspanne hat sich auch das »Senioren«- oder Rentenalter gedehnt. Die Menschen überleben heute ihren Berufsausstieg um mehrere Jahrzehnte. Und natürlich betrifft die Dehnung von Lebensphasen auch das ohnehin kaum klar eingegrenzte Erwachsenenalter. Das lange Verweilen auf Lebensstufen des »gefühlten« und nicht des chronologischen Alters ist die eigentliche, die systemsprengende soziale Revolution unserer Zeit.

*Generativität in der
alternden Gesellschaft*

Das Geschenk der Langlebigkeit verändert nicht nur die Gesellschaft und ihre Institutionen. Sie zwingt den Einzelnen, intensiver über seine Lebensplanung nachzudenken, sich auf ein langes »drittes Alter« einzustellen. Lebensrhythmus und Lebensgefühl verändern sich für die Generationen, die jetzt in die Jahre kommen. Die intergenerationellen Selbstverständlichkeiten früherer Epochen stehen plötzlich zur Disposition, etwa das Streben der Elterngenerationen danach, dass es ihre Kinder »einmal besser haben sollen«. Oder dass es sich lohnt, für die Bewahrung von Werten und kulturellen Traditionen zu sorgen.

Die Generativität ist in einer Krise. Dass sie als wünschenswerte Eigenschaft des erwachsenen Ichs allmählich erodiert, weil Fürsorge für kommende Generationen nicht mehr als notwendig oder machbar erscheint, ist ein in seiner Tragweite noch nicht voll erkanntes Problem. An den Schnittstellen zwischen den Generationen zeigt sich: Generativität entsteht nicht mehr »wie von selbst«. Sie muss heute als Haltung bewusst immer wieder reflektiert, gewollt und entwickelt werden, gegen Widerstände aller Art. Das Vorhandensein oder Verschwinden einer generativen Haltung bei den heute Erwachsenen ist der Schlüssel zum Verständnis vieler gesellschaftlicher Konflikte und Defizite.

Antigenerativ wirkt heute, beispielsweise, eine galoppierende kulturelle und soziale Amnesie. Schnelles Vergessenkönnen ist in der Informationsgesellschaft eine funktionale Tugend, und Geschichts- und Traditionslosigkeit wird geradezu erzwungen durch das Tempo des Lebens. Die neuen Tugenden »flexibel« und »mobil« konterkarieren jedes Streben nach Stabilität in den persönlichen Verhältnissen, etwa einer Familiengründung, denn vieles bleibt auch in den Mittelschichten bereits prekär, vorläufig, unbestimmt.

Diese neue Vorläufigkeit zeigt sich in alltäglichen Details wie dem Umgang mit Informationen: Die Verlagerung des persönlichen Gedächtnisses in externe Speichermedien ist ein unaufhaltsamer Trend. Wozu sich etwas aneignen und merken – einen Weg, eine Jahreszahl, ein Gedicht, eine Methode, die eigene Lebensgeschichte –, wenn man alles »outsourcen« kann? Das GPS findet für uns den Weg, Wikipedia und Google entheben uns der Last des Merkenmüssens, und selbst um unsere musikalischen Vorlieben müssen wir uns nicht aktiv kümmern, sie werden von iTunes gesteuert, ein Knopfdruck, und wir sind auf dem Laufenden. Und wo wir letzte Woche oder letztes Jahr waren, das sagen uns die digitalen Bildspeicher. Wir veräußern unser Gedächtnis und allmählich auch unsere Lebensgeschichte.

Der permanente Wandel wird angefeuert durch die Beschleunigung von Informationsflüssen und Produktionszyklen, aber auch durch eine fieberhafte Pseudokreativität, die in Wirtschaft, Medien und Kulturbetrieb herrscht. Der Zwang zu permanenter Innovation (oder auch nur ihrer Simulation) greift um sich. Die Beschleunigung des Lebens und der immer schnellere, kaum noch steuerbar erscheinende Wandel von Institutionen und Einstellungen ist eine Hauptursache dafür, dass die Erwachsenenaufgabe Generativität immer mehr aus dem Blick gerät. Sie erscheint bei flüchtiger Betrachtung sogar objektiv sinnlos im sich schnell drehenden Strudel des Veraltens und Verschwindens.

Und dieses Mal ist es keine emotionale *generation gap*, sondern eher eine sachzwanghafte, kalte Kluft, die sich auftut. Bei Jungen und Alten gilt ein neuer *common sense*: Traditionen sind überwiegend Ballast. Neue entstehen gar nicht erst, und die generativen Fragen »Was kann ich an Nützlichem oder Erhaltenswertem weitergeben? Was will ich an kulturellen oder ideellen Werten hinterlassen?« scheinen an Dringlichkeit oder Bedeutung zu verlieren. Generativität schrumpft immer mehr auf die rein materielle Fürsorge, auf das Vererben von Vermögen und Sachwerten – bei denen, die etwas zu vererben haben.

Jenseits des materiellen Erbes scheinen Kinder und Kindeskinder nicht wirklich an der Übernahme von Traditionen oder »Kanons« jedweder Art interessiert. Sie brauchen offenbar alle ihre Kapazitäten, um gegenwartstüchtig zu bleiben und sich das jeweils Neue anzueignen. Was ihnen in der Zukunft helfen könnte, das wissen wir noch nicht. Das eben noch Moderne ist so schnell gestrig, dass ein Innehalten oder Bewahren nicht ratsam erscheint. Dieses Dilemma zeigt sich etwa darin, dass die Schulen heute Kinder für Berufe ausbilden sollen, die noch gar nicht existieren. Kein Wunder, dass Flexibilität und »lebenslanges Lernen« zu Schlüsseltugenden der postindustriellen Gesellschaft erhoben wurden, denn beide ermöglichen die Anpassung an die zu erwartenden Veränderungen.

Und doch gibt es keinen Zweifel daran, dass die nachwachsenden Generationen der Fürsorge und Förderung bedürfen. Die Frage ist nur: Wie muss Generativität *heute* aussehen? Wie kann Generativität zu dem Lebens- und Leitmotiv für die heute Erwachsenen werden, das es werden müsste? Sind wir nicht schon längst einem uneingestandenen Zukunftspessimismus verfallen, nach dem Motto: Wenn wir Glück haben, bleiben wir zu unseren Lebzeiten gerade noch von den allergrößten Katastrophen verschont? *Nach uns die Sintflut!*

Damit Generativität zum Ideal und zum Verhaltensprogramm für das mittlere Erwachsenenalter werden kann, ist eine Selbstvergewisserung und Selbsterforschung nötig: Wie definieren die jetzt lebenden Erwachsenengenerationen ihre Rolle, individuell und kollektiv? Worin sehen sie ihre eigentliche Bestimmung – als Individuen, als Bürger, als Eltern oder Lehrer? Wie nutzen sie das Geschenk der erweiterten Lebensspanne, und wie bereiten sie sich auf das eigene Altern vor? Wie sieht ihre zeitgemäße Generativität aus? Wie definieren sie sich als Generation? Und wie wollen sie in Erinnerung bleiben, in welchem Zustand hinterlassen sie die Welt?

*Das Bekenntnis
zur Nachhaltigkeit*

Generativ zu sein bedeutet *per definitionem* die Abkehr von einem Lebensstil, der auf Selbstzentrierung und den damit verbundenen Obsessionen wie zwanghaftem Konsum oder Gesundheitsfetischismus gründet. Der Soziologe Robert Bellah geht so weit zu behaupten, dass eine »gute Gesellschaft« eine »Politik der Generativität« brauche: Sie müsse sich vorrangig auf Pflege und Förderung der generativen Institutionen wie Schulen, Kindergärten, Universitäten und anderer Einrichtungen zur Erhaltung der Kultur konzentrieren: »Was für eine Gesellschaft werden wir unseren Kindern und Enkeln überlassen, was für eine Welt, was für eine natürliche Umwelt? Indem wir uns auf unser unmittelbares Wohlbefinden fokussieren (bin ich heute besser dran als noch vor vier Jahren?) und indem wir uns wie besessen um die Verbesserung unseres relativen Einkommens und Konsums kümmern, haben wir vergessen, dass der Sinn des Lebens nicht in dem besteht, was wir haben, sondern was wir für Menschen sind und wie wir unser Leben im Hinblick auf zukünftige Ziele ausrichten, die als solche gut sind.«

»Einen Beitrag für die Zukunft leisten« oder »unserer Verantwortung gegenüber künftigen Generationen gerecht werden«, solche und ähnliche Floskeln gehören zum rhetorischen Repertoire, mit dem Politiker ihre Sonntagsreden und Parteiprogramme spicken. In generativ klingenden Selbstermahnungen und in präambelhafter Sprache wird beispielsweise auch gern die »Bewahrung der Schöpfung« beschworen oder die »lebenswerte Welt, die wir unseren Kindern hinterlassen wollen«.

Diesem Bekenntnisdrang kommt beispielsweise der Präsident des Deutschen Bauernverbandes, Gerhard Sonnleitner, nach, auch wenn sein reales Engagement sonst eher einem extrem unökologischen Agrarbusiness dient: »Nachhaltigkeit liegt in unseren Genen. Tiere sind Mitgeschöpfe Gottes, die gut behandelt werden müssen. Sie, unser Betrieb, der Boden und die Luft sind unsere Ressourcen. Es ist der Stolz des Bauern, diese an seine Kinder weiterzugeben.«

Nachhaltigkeit – ein essenziell generativer Begriff, stammt ursprünglich aus der Forstwirtschaft. Nachhaltiges Wirtschaften bedeutet, für jeden gefällten Baum einen neuen zu pflanzen und den Bestand zu wahren. Eine nachhaltige Gesellschaft befriedigt ihre laufenden Bedürfnisse, ohne die Aussichten zukünftiger Generationen zu verschlechtern. Sie kümmert sich also um den »Bestand« dessen, was die Nachkommen zum Leben brauchen.

Aber was der Erde »entnommen« wird, kann nicht immer ersetzt werden – der letzte Zentner Kohlen ist irgendwann verglüht, der letzte Liter Erdöl verfahren oder verheizt. Nachhaltigkeit ist heute mehr als nur sparsamer Umgang mit Ressourcen und Recycling von Rohstoffen. Die »alte« Nachhaltigkeit allein reicht nicht mehr, sie muss ergänzt werden durch generative Findigkeit und Kreativität beim Erschließen neuer Lebens-Mittel. Generativität und Nachhaltigkeit zählen als Denkfiguren längst zum Standard des modernen Politikverständnisses.

Niemand wird diesen Lippenbekenntnissen und Beschwörungen widersprechen. Aber noch viel zu selten werden sie beim Wort genommen.

»Ein ganzes Dorf ist nötig ...«

Ein afrikanisches Sprichwort besagt: Um ein Kind aufzuziehen, ist ein ganzes Dorf nötig. Dieser Spruch ist im Grunde ein generatives Manifest, dessen einzelne Aspekte generatives Handeln anleiten. Es besagt: Im *globalen* Dorf sind wir alle für das Wohlergehen und die Zukunft der Kinder verantwortlich, auch und gerade jenseits der biologischen Elternschaft. Die Verwirklichung des generativen Impulses wird möglich durch die »Sorge um den Fortbestand der Welt« auch ohne biologische Generativität, etwa durch die Wahl eines helfenden oder heilenden Berufes und durch gezieltes soziales, generatives Handeln.

Zweitens bedeutet das Sprichwort: Kinder brauchen eine Vielfalt von Zuwendungen, von unterschiedlichen Vorbildern und Rollen. Und drittens: Ein »Dorf« muss politisch und kulturell so organisiert sein, dass es bestimmte generative Regeln und Pflichten hervorbringt, um seine Kinder schützen und fördern zu können. In einem generativen »Dorf« sind Erwachsene Verhaltensmodelle und Vorbilder. Gleichzeitig sehen sie in den Kindern und Jugendlichen die Bestätigung für die Richtigkeit der eigenen kulturellen und sozialen Investitionen, des eigenen Arbeitens und Strebens. So kann eine wechselseitige

Affirmation, ein Bewusstsein für das Band zwischen den Generationen entstehen.

Gute Politik kann als das generative Projekt schlechthin verstanden werden, weil ihr zentrales Vorhaben Zukunftssicherung ist. Die Frage bleibt, wie weit sie ihren Zukunftshorizont spannt. In der politischen Praxis reicht er in der Regel nur bis zum Lebenshorizont der jeweils Regierenden und Regierten, womöglich in einem stillschweigenden Einverständnis: Hauptsache, uns geht es gut! Das ist, um es mit einem Bild Platons zu beschreiben, »Zuckerbäcker«-Politik: Damit die Bedürfnisse des Augenblicks und die Egoismen bedient werden können, regiert die alltägliche Bestechung und Beschwichtigung, man häuft Schulden an und lebt über die Verhältnisse, von der Substanz. Die Krisen beim Klima, in den Sozialsystemen und der Staatsverschuldung ignoriert man nach Kräften – und hinterlässt diese Probleme den Nachfolgern. Das Morgen interessiert nicht. Der Gegentyp dieser Politik ist die »Diätetik«: vernunftgesteuertes und nachhaltiges Handeln und Planen, das die Zukunft im Auge behält. Diese Politik hat es schwerer, ihre Ziele und die damit verbundenen Einschränkungen zu verkaufen.

Sicher, auf lange Sicht sind wir alle tot, wie John Maynard Keynes feststellte, als er auf langfristiges Planen angesprochen wurde. Es geht auch weniger um ein »Planen« im Sinne von Festlegungen und Zielfixierungen als vielmehr um ein Erhalten der Lebensgrundlagen und des Handlungsspielraums für künftige Generationen. Generativ ist Politik erst, wenn sie auf mehrere Generationen hinaus plant und denkt. Der wahre Gehalt an Generativität lässt sich daran ablesen, wie der sich immer neu zuspitzende Konflikt zwischen Kurz- und Langfristigkeit politischen Handelns aufgelöst wird.

Die Notwendigkeit, in der Demokratie in regelmäßigen und kurzen Abständen Wahlen gewinnen zu müssen, verführt dazu, kurzfristige, »anschauliche« und gruppenegoistische Ziele zu propagieren. Es lohnt sich in der Regel eher, schnelle Zugewinne an Lebensqualität in Aussicht zu stellen, als Projekte zu betreiben, deren Effekt womöglich weit über den Lebenshorizont von Mehrheiten hinausreicht. In einer schnell vergreisenden Gesellschaft, in der sich die »Alterspyramide« in einen immer kopflastigeren »Tannenbaum« verwandelt, ist eine »Politik für die Gegenwart« tendenziell erfolgreicher, in Wählerstimmen gemessen, als eine für künftige Generationen.

So macht, zum Beispiel, der Chef der Bundesagentur für Arbeit, Frank-Jürgen Weise, folgende Rechnung auf: 2007 gab es neunzigtausend Schulabgänger ohne Hauptschulabschluss. Diese Jugendlichen würden, davon sei er überzeugt, selbst bei guter wirtschaftlicher Konjunktur kaum einen Arbeitsplatz finden, sie seien ziemlich sichere Kandidaten für die Langzeitarbeitslosigkeit. Würde man in solche Jugendlichen investieren und durch eine gezielte Bildungspolitik dafür sorgen, dass möglichst alle in Zukunft gut ausgebildet auf den Arbeitsmarkt kämen, so brächte das erst in etwa zehn Jahren eine merkliche Entlastung für die Sozialkassen. Ihre »Karriere« im System Hartz IV wäre abgewendet, von den sonstigen Nebenkosten ganz zu schweigen. Aber diese Rechnung ist offenbar für die Politiker heute zu langfristig und nicht »lohnend«.

Wie bei Süchtigen die schnelle Gratifikation wichtiger ist als die langfristige Erhaltung von Gesundheit und Leben, so ist auch bei Politikern, deren vorrangiges Ziel Machtsicherung ist, die Lebensqualität der Nachgeborenen außerhalb des zweckrationalen Kalküls. Es herrscht die Moral des Hier und Jetzt, den der alte Gassenhauer so schön auf den Begriff bringt: Wir versaufen unser Oma ihr klein Häuschen, und die erste und die zweite Hypothek ...

Die gleiche Präferenz des kurzfristigen gegenüber dem langfristigen Handeln gilt in der Wirtschaft. Zwar ist in den letzten Jahren immer häufiger von einer neuen Business-Ethik die Rede, und ethisches Handeln wird thematisiert, wenn es um Korruption und »good corporate governance«, um ökologisches Wirtschaften oder um Ehrlichkeit gegenüber den Verbrauchern geht. Aber eine generative Perspektive wirtschaftlichen Handelns ist unter dem Zwang kurzfristig zu erzielender Renditen und Profite nicht möglich. Generativität hat im Curriculum der neuen Business-Ethik noch keinen Stellenwert. Wähler und Interessengruppen ebenso wie Konsumenten müssen, um des Machterhalts oder des Profits willen, kurzfristig zufriedengestellt werden. Und sei es mit der Begründung, man könne mit der dadurch erkauften Macht oder Zeit wenigstens ein bisschen langfristige, nachhaltige Politik betreiben.

Clash of generations?

Die Generationen treten heute immer deutlicher als Interessengruppen auf. In Zeiten knapper Mittel findet ein Kampf um die Zuteilung von Aufmerksamkeit und Zuwendung statt – ein Kampf um die Ressourcen des Sozialstaates: Gesundheit, Pflege, Rente sind die vordringlichen Themen der »Alten«. Die Ansprüche auf Zukunftschancen in Form von Bildung, intakter Umwelt und funktionierenden Institutionen sind die Themen der »Jungen«. Über die Ausgestaltung und die Verbindlichkeit sogenannter Generationenverträge wird gestritten, bis hin zur Frage, ob Hüftgelenkoperationen für Achtzigjährige sinnvoll seien.

Lässt sich Generativität einklagen? Kann die Generation der Eltern zu generativem Verhalten gezwungen werden? Der Versuch wird jedenfalls unternommen. Ein »Manifest der Jungen«, verfasst von Jungpolitikern unterschiedlicher Bundestagsparteien – Daniel Bahr (FDP), Peter Friedrich (SPD), Anna Lührmann (Bündnis 90/Die Grünen), Jens Spahn (CDU) –, enthält diese Beobachtung: »Politischen Entscheidungen wohnt ein Strukturproblem inne: Es gibt eine Tendenz zur Bevorzugung der Gegenwart und zur Vernachlässigung der Zukunft. Lösungsansätze der politisch Handelnden müssen bisher eben nicht explizit die Auswirkungen des Handelns auf künftige Generationen berücksichtigen ...«

Und dann nennen die Autoren drei Mechanismen »gegenwartsbezogener Politik«: Erstens, Lasten und Schulden für das Heute werden in die Zukunft verschoben, wie sich anschaulich an den Sozialversicherungssystemen zeigen lässt. Zweitens, Ressourcen werden ohne Rücksicht auf spätere Verfügbarkeit verbraucht, siehe Umwelt- und Energiepolitik. Drittens, Investitionen in die Zukunft werden zugunsten von konsumtiven Aufgaben nicht getätigt, zu Lasten von Bildung und Forschung. Deshalb, so schließen sie ihr Manifest, soll die Generationengerechtigkeit im Grundgesetz (»GGiGG«) verankert und der Artikel 20a folgendermaßen ergänzt werden: »Der Staat hat in seinem Handeln das Prinzip der Nachhaltigkeit zu beachten und die Interessen künftiger Generationen zu schützen.«

Kann die globalisierte Welt, die völlig unter dem Primat der Wirtschaft zu stehen scheint, generatives Verhalten überhaupt noch stimulieren oder gar prämieren? Wie generativ können, beispielsweise, die politischen Systeme der asiatischen Milliardenvölker bei ihrer Aufholjagd sein? Der Kapitalismus hat ein global operierendes Wirtschaftssystem hervorgebracht, das Kurzfristigkeit belohnt: Schnelle Gewinne sind das Hauptmotiv allen Handelns. Die Hedgefonds- und Private-Equity-Wirtschaftsstrategien sind ihrem Wesen nach durch und durch antigenerativ. Langfristige Entwicklungs- und Aufbauarbeit, Kontinuität und nachhaltiges Wirtschaften sind dieser neuen Spielart des Kapitalismus völlig fremd. Die Innovationszyklen in einer Wirtschaft, die von Profitgier beherrscht wird, folgen immer schneller aufeinander. Karl Marx hatte die Traditionen zerstörende und globalisierende Wirkung des Kapitalismus früh erkannt. Der Markt bringt uns die wahre »permanente Revolution«.

Die Debatte um den Klimaschutz illustriert, dass die politischen Systeme, auch und gerade das System der Marktwirtschaft, strukturell unfähig sind, schnell und angemessen auf generationsübergreifende Entwicklungen zu reagieren – selbst wenn diese Entwicklungen die Zerstörung der Lebensgrundlagen für die eigenen Kinder und Enkel bedeuten. Radikaler und sofortiger Klimaschutz wäre vernünftig und verantwortungsvoll, ganz abgesehen davon, dass er auch billiger wäre als die Beseitigung der zu erwartenden Klimaschäden. Diese Rechnung wird jedoch nicht aufgemacht. Die Verantwortlichen – und das sind letztlich auch wir alle, die Wahlbürger – denken nicht generativ. Wir kalkulieren die von unseren Nachkommen einmal zu tragenden Kosten nicht ein.

Wenn der Horizont des Denkens und Wirtschaftens nur noch bis zum Ende der eigenen Existenz reicht, ist es in gewisser Weise lohnender, so weiterzumachen. Um ihren Generationsegoismus zu rechtfertigen, werden viele plötzlich zu kosmischen Fatalisten: Sie verweisen darauf, dass sich das Schicksal der Erde sowieso ganz unbeeinflusst von menschlichem Handeln in gigantischen Zeiträumen vollziehe. Eiszeiten und andere Klimakatastrophen habe es schon immer gegeben, fragt nur die Saurier. So eingestimmt spottet es sich leichter über die »Klimahysteriker«, man steigt unbekümmerter in sein übermotorisiertes Renommierauto. Kann sein, dass die Erde den frivolen Satz aus dem vorrevolutionären Frankreich des 18. Jahrhunderts vielleicht schon sehr bald wörtlich nehmen wird: *après nous le déluge* – nach uns die Sintflut.

*Ist die Welt noch zu retten,
und wenn ja, von wem?*

Kollektive Generativität hängt davon ab, dass die politisch Agierenden und die Regierten eine tiefe Überzeugung teilen: Die menschliche Art wird überleben, und zukünftige Generationen sollen ein lebenswertes Leben führen. Das verlangt eine besondere Perspektive für alles politische Handeln – eine Perspektive, die weit über die Amtszeiten und Wahlperioden hinausreicht. In demokratischen Gesellschaften ist dies manchmal schwieriger zu praktizieren als etwa in Diktaturen – die scheinbar schlüssiger oder langfristiger agieren können. Dass dies in der Realität nicht der Fall ist, zeigen die extrem ungenerativen Politikstile der autokratischen Regime und Einparteienstaaten.

Generative Politik würde einen grundlegenden Wandel des westlichen (oder westlich geprägten) Lebensstils bedeuten, eines Stils, der auf immer größerer »freier Konsumwahl« und auf dem Zwang zum Wachstum basiert. Die ökonomisch-psychologische Glücksforschung hat in den letzten Jahren das Wohlstandsparadox entdeckt und erforscht: Über ein bestimmtes Maß hinaus macht ein Mehr an Besitz, an Gegenständen, an Statussymbolen nicht mehr glücklicher. Der Grenznutzen weiterer Steigerungen nimmt rapide ab.

So verursacht beispielsweise ein Übermaß an Wahl- und Konsummöglichkeiten zunehmend Stress. Die psychischen und sozialen Nebenwirkungen eines überbordenden Konsumismus machen nachweislich unglücklich.

Das gute Leben hängt nicht von endlosem Wachstum und der Freiheit des Konsums ab. Wenn schon generative Verantwortung nicht das Handeln prägen kann, ist möglicherweise der schleichende, aber doch schon deutliche Verlust an Lebensqualität ein Grund umzudenken.

Generativität bricht sich trotz der vielen ungünstigen Faktoren immer wieder Bahn. Trotz der Tendenz zur kulturellen Amnesie und trotz pseudoinnovativer und kurzatmiger Wirtschafts- und Politikstrukturen ist der generative Impuls bei vielen Einzelnen und in vielen Teilen der Gesellschaft deutlich erkennbar. Menschen finden und erfinden zeitgemäße Formen, um das Doppelmotiv von intergenerationeller Fürsorge und symbolischer Unsterblichkeit zu befriedigen. So erlebt Deutschland einen regelrechten Stifter-Boom.

Ein Teil der Babyboomer-Generation in Deutschland kommt derzeit in den Genuss gewaltiger Erbsummen – die Gründergeneration des deutschen Wirtschaftswunders vermacht ihren Kindern ihren Reichtum. Etwa die Hälfte des Privatvermögens in der Bundesrepublik besteht inzwischen aus »leistungsfrei« vererbtem Geld. Jährlich werden hundertachtzig Milliarden Euro weitergegeben, das ist doppelt so viel wie noch zu Beginn der neunziger Jahre. Allerdings konzentriert sich der neue Reichtum auf lediglich zehn Prozent der Bevölkerung, die inzwischen über die Hälfte des gesamten Vermögens verfügt. Noch immer ist Deutschland jedoch das Land mit der niedrigsten Erbschaftssteuer unter den westlichen Demokratien. Der Sozialhistoriker Jürgen Kocka schreibt: »Nie gab es in Deutschland so viele wohlhabende Menschen wie heute.

Nie gab es in Deutschland so viele kinderlose Paare wie heute. Beides sollte das Stiften beflügeln. Denn ein wenig können Stiftungen das bewirken, was in anderer Weise eine reiche Nachkommenschaft ermöglicht: Wirksamkeit über den Tod hinaus, Weiterleben in der Erinnerung anderer.«

Früher galt das Stiften als »Diktatur der toten Hand« – ein Stifter wollte seinen Willen über seinen Tod hinaus verwirklicht sehen, und sei es auch nur der Wille, das Vermögen anderen Zugriffen zu entziehen. Nicht zuletzt durch viele namhafte Stifter und ihre philanthropisch-generativen Projekte hat sich das Bild des Stiftens gewandelt. Neue Reiche wie Microsoft-Gründer Bill Gates oder in Deutschland die Gründer von SAP sind gerade dabei, der Welt etwas von ihrem schnell erworbenen Reichtum zurückzugeben. In einer Umfrage nannten viele der »neuen« Stifter als Motiv »soziale Anerkennung«.

Der Kunsthistoriker Gottfried Kiesow hatte 1985 die Deutsche Stiftung Denkmalschutz gegründet, mithilfe der Spenden einiger Wirtschaftsleute. Noch in Zeiten vor der Wiedervereinigung übernahm die Stiftung alte, vom Verfall bedrohte Gebäude in der damaligen Bundesrepublik, um sie für neue Nutzungen zu retten. Kiesow konnte nicht ahnen, welch gewaltige Aufgabe nach dem Fall der Mauer auf seine Gründung zukam: Ganze Altstädte, Tausende Kirchen, Schlösser und Gutshäuser waren in ruinösem Zustand. Oftmals in letzter Minute konnte die Denkmalschutzstiftung historische Gebäude vor dem Abriss bewahren – und damit wertvolles Kulturerbe. Hundertfünfzigtausend private Förderer haben sich bei dieser

Aufgabe engagiert, die Stiftung besitzt inzwischen ein Eigenkapital von fast fünfunddreißig Millionen Euro.

Der Name »Jacobs« steht nicht nur für eine Kaffeemarke, sondern seit 2006 auch für eine Universität: Der Unternehmer Klaus Jacobs ist eingesprungen, als die erst wenige Jahre alte International University Bremen in eine finanzielle Krise geriet und ihre Existenz auf dem Spiel stand. Jacobs stiftete zweihundert Millionen Euro, und die private Hochschule heißt zum Dank jetzt Jacobs University. Ein generöser und ein generativer Akt, in doppelter Hinsicht – eine Bildungseinrichtung wurde für die Zukunft erhalten, und ein Mensch sicherte sich ein Stück Unsterblichkeit.

Stiften ist heute, nach einem Wort des deutschen Finanzministers Peer Steinbrück, »zivilgesellschaftlich organisierte Mitmenschlichkeit«. Und es ist ein Akt der Generativität, wenn es sich Zielen in der Bildung, dem Erhalt von Kulturschätzen oder der langfristigen Förderung von jüngeren Generationen widmet. »Stiftungen, in ihrer großen Mehrheit von Privatpersonen gegründet, sind ein Ausdruck des wachsenden Vertrauens der vermögenden Schichten Deutschlands in die Zukunft und eben auch ein Indiz für eine neue Elite allgemein, die das Stiften als Doppelsymbol für gesellschaftlichen Status einerseits und soziales Engagement andererseits akzeptiert«, schreibt der Soziologe Helmut K. Anheier.

Das Stiften muss jedoch keine Veranstaltung einer betuchten »Elite« bleiben. Inzwischen ist auch das Modell der sogenannten Bürgerstiftungen in Deutschland angekommen, das auf der amerikanischen Idee der *community foundation* basiert: eine »Stiftung von Bürgern für Bürger«. 2007 gab es bereits in 196 Städten, Gemeinden und Regionen solche Einrichtungen, und die Wachstumsdynamik dieser Idee scheint ungebrochen. Zu den Merkmalen dieser Institutionen gehört es, dass sie meist einer Vielzahl von Förderzwecken dienen und möglichst nicht in falsch verstandener Weise »staatsentlastend« wirken. Die Bürgerstiftung Berlin betreibt beispielsweise neben anderen Projekten ein »Bilderbuchkino«, in dem Migrantenmütter und ihre Kinder durch gemeinsames Lesen von Bilderbüchern sprachlich gefördert werden.

Generativ – und kapitalistisch?

Ein Ex- und ein Beinahe-Präsident der USA sind dabei, den Begriff Wohltätigkeit neu zu definieren. Hat Wohltätigkeit bisher immer den Beigeschmack von Ablasshandel gehabt – die Reichen geben ein paar Brosamen von ihren übervollen Tischen an die Armen –, so geht es nun um ein neues Paradigma. Der Kapitalismus muss sich selbst eine ethische – und vor allem eine generative – Dimension eröffnen, wenn er nicht an seinen Strukturfehlern zugrunde gehen will. Es erscheint bezeichnend, dass das neue Paradigma von zwei Männern erarbeitet wird, die den Turbokapitalismus als Politiker erlebt haben und erst nach dem Machtverlust frei wurden für ein neues Denken. Beide sind sozusagen Ein-Mann-NGOs geworden, Propagandisten und Aktivisten generativer Großprojekte.

Bill Clinton, der Ex-Präsident, organisiert mithilfe einer Stiftung Firmengründungen, die umweltfreundliche, energiesparende Produkte auf den Markt bringen, genauer: Er sorgt dafür, dass überhaupt eine Nachfrage nach diesen Produkten entsteht und sie profitabel werden. Das geschieht zum Beispiel, indem Städte als Großkunden gewonnen werden: Städte brauchen riesige Flotten von Bussen und anderen Verkehrsmitteln, sie sorgen für Müllabfuhr und -verbrennung, für Wasser, Strom und so weiter. Sie bauen Straßen, Schulen, Sportanlagen und vieles mehr. Städte sind potenziell mächtige Kunden. Clinton und seine Gruppe bringen sie nun mit Anbietern umweltfreundlicher Produkte zusammen und vermitteln gleichzeitig eine langfristige Finanzierung der zunächst teureren umweltfreundlichen Produkte: Die Städte können Anleihen bei Rückversicherern aufnehmen. Als Sicherheit bieten sie die zukünftigen Einsparungen an Energie, Material und anderem. »Das ist nicht Opas Wohltätigkeit«, charakterisiert ein Clinton-Mitarbeiter diese Projekte, »sie funktionieren, und sie sind ein gutes Geschäft.«

Al Gore, der Beinahe-Präsident von 2000 und Friedensnobelpreisträger des Jahres 2007, hat sich glaubhaft vom Angehörigen der politischen Klasse zu deren Kritiker und zum Vorkämpfer für den Klimaschutz gewandelt. Er schreibt: »Längst haben wir es nicht mehr nur mit einem politischen, sondern auch mit einem moralischen Problem zu tun – mit einem Problem, das das Überleben der menschlichen Zivilisation betrifft ... Es ist falsch, die Bewohnbarkeit unseres Planeten und die Perspektiven künftiger Generationen zu zerstören ... In jedem Fall haben die Kinder dieser Welt das Recht, von uns höhere Anstrengungen zu verlangen, wenn ihre Zukunft in der Waagschale liegt. Sie haben Besseres verdient als eine Regierung wie die amerikanische, die hervorragende wissenschaftliche Beweise zensiert ... Sie verdienen auch in anderen Ländern Besseres als Politiker, die die Hände in den Schoß legen und nichts unternehmen angesichts der größten Herausforderung, vor die sich die Menschheit je gestellt sah.«

Pathologien des Generativen

Selbst wenn Generativität das Handeln der Erwachsenen einer Generation leitet: Sie ist kein Selbstläufer, kein instinktartiges Verhaltensprogramm, das nur angeknipst zu werden braucht. Generativität muss gestaltet, überprüft, reflektiert werden. Sie ist ohne Einbettung in andere ethische Regeln nicht denkbar. So liegt es im Wesen der Generativität, eine Auswahl zu treffen: In wen oder was investieren wir unsere generative Kraft? Für wen werden wir fürsorglich und vorausschauend aktiv? Und wem wollen wir unser Erbe anvertrauen?

Man kann als noch so generativer Mensch nicht die *ganze* Welt retten. Eine bestimmte Wahl ist nötig, die Konzentration der generativen Kräfte. Und das bedeutet immer auch die Abweisung vieler anderer Möglichkeiten. Arbeitsteilung und Pragmatik sind auch in der Generativität sinnvoll, die kluge Beschränkung auf das Machbare und das Sinnvolle.

Die persönliche Ethik und die individuellen Möglichkeiten bestimmen das Maß und die »Breite« des generativen Handelns. Sie entscheiden darüber, wer in der persönlichen Sphäre als Objekt der Generativität ausgewählt – und wer ausgeschlossen wird. Die großen Systeme von Religion und Politik dagegen müssen für möglichst umfassende Fürsorge einstehen – Caritas und Sozialstaat sind auf Einschließung aller ausgelegt. Sie sollen ausgleichen, was die Individuen und die einzelnen gesellschaftlichen Gruppen an generativen Versorgungslücken offen lassen. Die großen Systeme und Organisationen sind sozusagen zuständig für eine generative Grundversorgung: Lasst kein Kind zurück!

Der Zusammenhang zwischen selektiver Generativität und der damit verbundenen Ausschließung wird zum Problem, wenn eintritt, was Erikson *pseudo-speciation* nannte, ein Begriff, den Konrad Lorenz mit Quasi-Artenbildung übersetzt hat: Andere Gruppen oder Personentypen unterscheiden sich von der eigenen »Art« so sehr, dass sie nicht nur nicht in den Genuss der generativen Zuwendung kommen können, sondern sogar aktiv bekämpft werden müssen, weil sie nämlich eine Bedrohung der eigenen Pseudospezies sind. Diese pervertierte Generativität gibt sich beispielsweise in rassistischen oder moralistischen Vorurteilen gegen Randgruppen zu erkennen.

Die Abweisung kann aber auch die eigenen Kinder treffen, wenn diese den elterlichen Vorstellungen und Wünschen nicht entsprechen: Schwarze Schafe werden ebenso aus dem Kreis der generativ Begünstigten ausgestoßen wie Fremde. Innerhalb der eigenen Familie,

Gruppe oder Pseudospezies kommt es also dann zu Ausgrenzung, zu Vernachlässigung oder gar unbarmherziger Unterdrückung, wenn bestimmte Vorstellungen von Perfektion oder Anpassung nicht erfüllt werden.

Die menschliche Tendenz zur Selbstvergewisserung, Selbststilisierung und Selbstdefinition kann entgleisen in Selbsterhöhung, Selbstgerechtigkeit und Narzissmus. Strenge, manchmal unbarmherzige Maßstäbe werden an andere Menschen angelegt. Diese »Krankheit der Idealität« (Erikson) korrumpiert auch die generativen Impulse: Wer hat meine Fürsorge, mein Engagement überhaupt »verdient«?

Generativität gegenüber der eigenen Nachkommenschaft, der eigenen Gruppe oder Nation neben extremer Ablehnung der »anderen« – beides koexistiert in der Pseudoartenbildung. Der Impuls zur Generativität ist nicht an eine Moral gebunden: Auch Diktatoren, Mörder und Monster sorgen sich um ihre Brut und erst recht um ihre »Unsterblichkeit«. Das Prinzip Mafia ist eine Form von Generativität, wenn auch eine pervertierte: Alles für unsere Familie, für unsere Sache, für *cosa nostra*, aber du musst den Paten respektieren, du musst schweigen und mitmachen!

Die Paten, Clanchefs oder Diktatoren jeder Provenienz überhöhen die Fürsorge für die eigene Familie, die eigene Gruppe, das eigene Volk sogar zum Daseinszweck, zur Staatsräson: Ein tausendjähriges Reich zu wollen und Mutterkreuze für Gebärfreudigkeit zu verleihen, ergibt nur einen Sinn, wenn man auf lange Sicht plant – nachhaltig, aber nur zugunsten der eigenen »Rasse«.

Totalitarismus ist eine »primitive Art, mit Erfahrungen umzugehen«, meinte Erikson, und er hatte dabei die buchstäblich bestechenden generativen Angebote totalitärer Ideologien an ihre Anhänger im Sinn: Unterwirf dich der Gruppenmoral, und für dich und deine Kinder wird gesorgt! Die Mächtigen und Privilegierten haben schon immer Kindheitsängste und Entwicklungsdefizite der Erwachsenen ausgenutzt – und versprechen Wohlfahrt für deren Familien und Schutz und Fürsorge in schwierigen Zeiten. Aber alles ist streng exklusiv. Die Pervertierung des Generativen durch die Nazis und ihre geistigen Nachfahren zeigt sich besonders augenfällig in der Kälte, Brutalität und Lebensfeindschaft gerade der eigentlich generativen, nämlich der lehrenden und heilenden Berufe gegenüber den Ausgegrenzten.

Hitlers »Tausendjähriges Reich« ist die extremste Perversion der generativen Idee und die auf eine Spitze getriebene Pseudoartenbildung: alles für die eigene Nation, totale Zurückweisung der anderen »Spezies«, und das heißt konkret Versklavung und Vernichtung. Aber auch viele andere Landes-»Väter« (oder -»Mütter«) in allen Kulturen liebten und lieben es, sich nach innen als Ikonen der Generativität zu stilisieren, während sie nach außen häufig Monster sind. Für die oft gut maskierte Antigenerativität in der Rhetorik von Politikern und Ideologen muss man ein sensibles Ohr entwickeln – wahre Generativität, auch wenn sie notwendigerweise »exklusiv« ist, braucht keine Feindbilder.

Der folgende Satz klingt mustergültig generativ: »Es muss immer wieder betont werden: Die Welt ist geschichtlich reif dafür, dass die zukünftigen Neugeborenen in ein Leben treten können, das die volle Förderung aller ihrer menschlichen Potenziale bereithalten kann und die Gespenster der Entfremdung von des Menschen gesellschaftlicher Bestimmung vertrieben sind.« Das sind Passagen aus einem Grußwort, das Christian Klar an die Teilnehmer der Rosa-Luxemburg-Tagung 2007 richtete. Sein Plädoyer für Generativität illustriert, wie sehr generative Absichten und deren Verwirklichung auseinanderklaffen können. Klar glaubte (und glaubt wohl immer noch), dass man unter Umständen eine bessere Welt herbeischießen oder -bomben muss.

So ist also selbst ein verstockter RAF-Terrorist auf seine Weise Propagandist der Generativität. Das verdeutlicht, wie problematisch ihre Praxis oft ist, wenn ihr ein auf Ausschließung angelegtes Verständnis von Zukunft zugrunde liegt. Umgekehrt wirft auch eine allzu umfassend einschließende Generativität Probleme auf: Seid umschlungen, Millionen! Schillers emphatischer, allumfassender Zuwendungsbegriff ist nicht lebbar. Generative Weltverbesserung enthält meistens auch unspezifische, der »ganzen Menschheit« oder der »Welt« gewidmete Anteile: am »Weltkulturerbe« mitwirken, das Klima retten, an Gutfühl-Events wie *Life Aid* und Afrika-Konzerten teilnehmen. Mitunter sind diese generell generativen Engagements jedoch auch nur ein Alibi, um sich spezifischer Generativität in der engeren Umwelt zu entziehen: »Ich habe doch schon für Afrika gespendet!«

Krisen der persönlichen
Generativität

Wer einen Roman schreibt, eine Symphonie komponiert, ein Kind erzieht, ein Geschäft eröffnet oder einen Garten anlegt, hat dabei nicht von Anbeginn das Schicksal der Nachkommen oder das Fortbestehen im Gedenken der Menschen im Sinn, zumindest ist diese Perspektive noch nicht dominant. Dennoch sind wir auch schon im jüngeren Erwachsenenalter generativ: Wir sind schöpferisch tätig, wir versuchen, innovativ zu sein, und wir verwirklichen den Wunsch, eigene Kinder zu haben. Generativität scheint zunächst als Kreativität auf, als das Streben nach Selbstverwirklichung und Vervollkommnung. Ganz allmählich wird daraus das starke Motiv, in irgendeiner Form am großen Ganzen teilzuhaben und mitzuwirken, schließlich dann auch das Streben nach dem biologischen, ideellen oder symbolischen Weiterleben.

Jede Lebensphase hat ihre eigene Form der *Ritualisierung*. Rituale der Gemeinschaft haben unter anderem die Funktion, dem Einzelnen zu zeigen, dass er in ihr aufgehoben ist, und so die Ungerechtigkeit und Grausamkeit, die die Welt auch bereithält, aufzuwiegen. Besonders die fragile Erfahrungswelt des Kindes braucht Kohärenz und deshalb auch Zusammenhang stiftende und Sicherheit schaffende Rituale. In ihnen bietet sich zudem eine akzeptable Ausdrucksform libidinöser und aggressiver Impulse an.

Für das Erwachsenenalter besteht die Ritualisierung in aller Regel darin, sich in den Augen der nächsten Generation zum Vorbild zu machen – indem man den Jüngeren die Rollen vorlebt, die das Leben an uns heranträgt und die nun auszufüllen sind: als Mentor, Lehrer oder Trainer, als Vermittler idealer Werte und Ziele, als Richter über Gut und Böse, als Schlichter von Konflikten. Eine Fülle von Ritualen, in denen sich das *Schöpferische* und das *Bewahrende* gleichermaßen verdichten, soll diese Rollen bekräftigen: etwa die Rituale der elterlichen Fürsorge, der didaktischen Vermittlung, der produktiven Gestaltung oder des Heilens.

Im mittleren Leben sollte das Bewusstsein wachsen, dass man irgendwann all das Ge- und Erzeugte zurücklassen muss. Wir werden überlebt von dem, was wir hervorgebracht haben, darin gerade kann der Trost liegen. Aber paradoxerweise ist dieses Bewusstsein auf der Höhe des Lebens oft noch unterentwickelt. Wir denken nicht ans Aufgeben oder »Loslassen«, solange es uns gelingt, die Gefühle der Stagnation in Schach zu halten, und wir noch in die »Geschäfte des Lebens« involviert bleiben. Erikson hatte beobachtet: »Die Jugend weiß auf ihre Weise mehr vom Tod als das Erwachsenenalter, obwohl gerade die Erwachsenen in ihrem Beschäftigtsein mit dem ›Aufrechterhalten der Welt‹ an den wichtigen Ritualen von Religion, Kunst und Politik teilhaben, die alle den Tod mythologisieren und zeremonialisieren und ihm eine rituelle Bedeutung und gesellschaftliche Präsenz verleihen.«

Gefahr geht von dieser ritualisierten Generativität immer dann aus, wenn die Rituale eine Schlagseite ins Autoritäre bekommen: in Form von kleinlicher und unproduktiver Anwendung von Macht in der Organisation des

Familien- und Arbeitslebens. Eine andere Gefahr ist der Ritualismus, der sich in leeren Gesten, totalitärer Vereinnahmung und Selbstinszenierung erschöpft. Im Dogmatismus vieler Alter ist der Versuch zu erkennen, die eigene Rolle in der Welt zu Lasten der Jüngeren zu konservieren. Diese rigide Haltung erscheint als Rechthaberei im Kleinen und als Strukturkonservativismus im Großen.

Innerfamiliär wird diese Zurückweisung als physische und seelische Grausamkeit gegenüber Kindern praktiziert, als Vernachlässigung oder Wohlstandsverwahrlosung. Gesellschaftlich steigert sich der Altersdogmatismus zur repressiven Orthodoxie, wenn er mit Macht ausgestattet ist. Die Herrschaft von halsstarrigen, senil-narzisstischen Patriarchen, der Kardinäle oder Aufsichtratsvorsitzenden oder Mullahs dieser Welt, illustriert diese Fehlentwicklung. Sie entspringt dem verzweifelten Versuch, die Dinge zusammenzuhalten angesichts schwindender körperlicher Kräfte und nachlassender geistiger Spannkraft. Der Verlust an Verantwortung im generativen Zusammenspiel wird nicht akzeptiert, die Alten fühlen sich abgeschoben und begehren dagegen auf. Und sie neigen dazu, gegen die lauernde Verzweiflung des ungenerativen Alterns eine rückschauende Mythologisierung des eigenen Lebens zu betreiben.

In jedem Erwachsenenleben jedoch, selbst in einem sehr generativen, sind Momente der Stagnation unvermeidlich. In jedem von uns kommt es zum Widerstreit zwischen vorwärtsdrängenden, von Hoffnung gespeisten Kräften und lähmenden Zweifeln und Frustrationen. Wenn diese Erstarrung, die meist als »Sinnkrise« erscheint, nicht überwunden werden kann, ist in den mittleren Lebensjahren oft ein tragisches Verwelken und Versiegen selbst überragender Begabungen zu beobachten. Was einmal »zu den schönsten Hoffnungen« berechtigte, wird in der Moderne mit all ihren Aufstiegs- und Selbstverwirklichungsversprechungen oft genug frustriert. Das Versiegen des schöpferischen Impulses und das damit verbundene Gefühl des Stillstands im fortschreitenden Erwachsenenalter sind ein zentrales Thema in Kunst und Literatur: In den Romanen von Franz Kafka, Robert Musil, Max Frisch oder Peter Handke erscheint die Stagnation als kalte Distanz zu den Mitmenschen und zur Welt, mitunter auch als das Gefühl diffuser Bedrohung, als wunschloses Unglück und innere Ödnis.

In der Realität zieht die Abwendung von der Welt aufgrund von Stagnation und Selbstzweifeln meist eine intensivere Hinwendung zum eigenen Selbst nach sich. Und da ist dann meistens – nichts. Das »leere Selbst« ist ein schmerzendes Vakuum, das nun gefüllt sein will. Die Selbstzentrierung nimmt zu, und zur Betäubung des Schmerzes stehen viele Mittel zur Verfügung: Zerstreuung, Hobbys, Konsum, Alkohol. Mitunter maskiert sich dieser Altersnarzissmus paradoxerweise auch als intensive Weltzuwendung, die jedoch nichts anderes ist als Pseudogenerativität: In der verbleibenden Zeit soll der Welt noch der eigene Stempel aufgedrückt werden, es geht nicht um Fürsorge, sondern um die Unsterblichkeit, die in überlebensgroßen Spuren liegt.

Die Krise der biologischen
Generativität

Der Finanzwissenschaftler Bernd Raffelhüschen urteilt hart und flapsig: »Die heutigen Erwerbstätigen haben nicht die doppelte Bringschuld erbracht. Was das Arbeiten betrifft – gut. Aber bei den Kindern, da war tote Hose.« Trotz einer kleinen Trendwende gilt als gesicherte Tatsache: Die nächsten Generationen werden deutlich kleiner sein als die der Babyboomer. Der Anteil der unter Zwanzigjährigen wird bald nur noch fünfzehn Prozent der Gesamtbevölkerung betragen. Die Mehrheitsverhältnisse zwischen Jung und Alt kehren sich um, die Alterspyramide steht kopf.

Was bedeutet das Ideal der Generativität noch in Zeiten sinkender Geburtenraten? Braucht diese Ich-Qualität nicht notwendig ihren biologischen Kern, nämlich die Fortpflanzung und die Betreuung des eigenen Nachwuchses? Was geschieht, wenn sich die frühen generativen Impulse nicht entfalten können? Was bedeutet es beispielsweise, wenn die »biologische Uhr« tickt, aber der Kinderwunsch versagt bleibt?

Die Angst vor dem Aussterben ist in der Moderne nicht so neu. Schon 1924 schrieb Alfred Döblin in seinem Roman *Berge Meere und Giganten* sehr hellsichtig über die Aussterbens- und Überfremdungsängste der Europäer, so als hätte er die Fernsehbilder von gestrandeten Booten an den Küsten Spaniens und Italiens schon gesehen: »Die Braunen Schwarzen Graubraunen aber wurden verlockt, an die Quellen dieser Kräfte zu gehen, sie drängten nach

Norden. Und es war ein sonderbares Geschick, das damals die eisernen weißen Volksstämme traf: ihre Fruchtbarkeit ließ nach. Während ihr Hirn zu immer glänzenderen Taten vordrang, verdorrte die Wurzel. Gleichmäßig sanken im Laufe der Jahrzehnte bei den europäischen Völkern die Kinderzahlen ... Um so fruchtbarer waren die lüstern an die strahlenden Zentren drängenden Farbigen, die schweißdunstenden Männer und Frauen mit den blitzenden und melancholischen Augen, die wie Dienende und Unterworfene erschienen und in einigen Generationen alles überfluteten.«

Einige Jahrzehnte später sah sich Günter Grass in der Rolle des Untergangsprotokollanten. In *Kopfgeburten oder Die Deutschen sterben aus* spinnt er 1980 eine Fantasie des Verschwindens aus. Die Lendenlahmheit der immer noch unter der Nazischuld erdrückten, gleichzeitig saturierten und hyperreflexiven Deutschen führt dazu: »Die Deutschen sterben aus. Ein Raum ohne Volk. Kann man sich das vorstellen? Darf man sich das vorstellen?« Und Grass lässt einen Studienrat Harm schwallen: »Freiwillig entschließt sich das deutsche Volk ... ab sofort zum widerspruchslosen und sozial gesicherten, zum heiteren, jawohl zum heiteren, weil die Menschheit beglückenden Aussterben. Kein Kind wird mehr gezeugt. Das entstandene Vakuum wird der Natur überantwortet. Endlich hat die deutsche Frage eine Antwort gefunden, die dem deutschen Wesen und dessen Hang zur Aufopferung entspricht ...«

Bei Weitem nicht nur biologische Enttäuschungen können sich antigenerativ auswirken; auch wenn andere kreative Vorhaben nicht gelingen, wenn Lebenspläne scheitern, wenn Blütenträume nicht reifen, wirkt sich das im späteren Erwachsenenleben aus. Solche Nichtereignisse und Frustrationen in der von Aktivität und Selbstentfaltung geprägten Phase des frühen Erwachsenenlebens können in einen seelischen Zustand münden, den der Psychologe John Snarey als *generative chill* bezeichnet, als das »Erfrieren« der biologisch-generativen Absichten. Diese Kälte kann in die gesamte Gesellschaft kriechen, begleitet vom Lamento über Kinderfeindlichkeit und das Aussterben des eigenen Volkes.

Gegen die Verabsolutierung des Biologischen hat Erikson immer wieder herausgehoben: Generativität ist eine Tugend, die nicht der biologischen Erfüllung bedarf, sie kann auch ohne eigene Nachkommen gelebt werden. Die genetische Unsterblichkeit wird bei einer wachsenden Zahl von Menschen durch eine symbolische ersetzt werden. Die demografische Entwicklung lenkt uns auf die nichtbiologischen Formen von Fürsorge, eigentlich sogar auf eine Generativität »höherer Ordnung«.

Generativität in der schrumpfenden Gesellschaft

Es könnte ein tieferer Sinn darin liegen, dass wir nicht allein auf die Weitergabe unserer Gene vertrauen, um uns zu verewigen. Vielleicht sind die Taten der symbolischen Unsterblichkeit für eine bestimmte historische Epoche wichtiger als die »Selbsterhaltung« durch Fortpflanzung.

Dann hätten wir es mit einer List der Vernunft zu tun, die darin läge, dass Menschen ihre Option auf biologische Unsterblichkeit nicht wahrnehmen – und sich trotzdem generativ verhalten.

Der Soziologe Karl Otto Hondrich sieht im Geburtenrückgang sogar einen »Glücksfall für unsere Gesellschaft« und kommt zu dem Urteil: »Weniger sind mehr.« Im Grunde bedeute die Verringerung der Bevölkerungszahl eine Chance. Tatsache ist: Auch ohne einen Zuwachs an Menschen ist die Steigerung der *wirtschaftlichen* Produktivität möglich. Eine Volkswirtschaft ist ja gerade dann besonders erfolgreich, wenn sie in ihrer Steigerungsdynamik eine Phase erreicht hat, in der das »Gesetz sinkender Reproduktivität durch steigende Produktivität« gilt.

Das ist längst der Fall in den produktionstechnisch erfolgreichsten Ländern – vor allem in Deutschland: Die deutsche Wirtschaft braucht trotz steigender Produktivität immer weniger Menschen. Nachwuchs erübrigt sich, weil die Ökonomie immer effizienter wird, das heißt: Aufwand und Ertrag stehen, ökonomisch betrachtet, in einem optimalen Verhältnis. Geringer produktive Gesellschaften wie die USA oder Frankreich (die beide eher renditefixiert organisiert sind und weniger produktivitätsorientiert) weisen höhere Geburtenraten auf als Japan oder Deutschland. Diese beiden Länder sind im internationalen Vergleich die Meister der Wirtschaftlichkeit, der Verdichtung und Produktivitätssteigerung.

Den tendenziellen Fall der Geburtenrate einer Gesellschaft begründet Hondrich so: »Der Kinderreichtum oder die natürliche Jugend, auf die die menschliche Spezies seit Hunderttausenden von Jahren gesetzt hat, wird durch eine Art künstliche oder soziokulturelle Jugend ersetzt.« Dies geschieht offenbar mit der Kraft eines Naturgesetzes. Immer mehr Familien schrumpfen zunächst und enden nach ein oder zwei Generationen im Nichts. Sie hören einfach auf, weiter zu bestehen.

Muss das immer als ein »Niedergang«, als eine Folge von Dekadenz oder Ermüdung interpretiert werden? Mit dem Hinweis auf die geringere Fortpflanzungsbereitschaft der sogenannten Bildungseliten im Vergleich zu bildungsferneren Schichten wird durchaus Alarm geschlagen. Aber vielleicht sind in diesem Geburtenrückgang eher Selbststeuerungskräfte der Gesellschaft am Werk, vielleicht sogar Selbstheilungskräfte des Systems Familie? Sie ist keineswegs ein »Auslaufmodell«: Es gibt deutliche Anzeichen dafür, dass dieses gesellschaftliche Teilsystem auf seine Selbsterhaltung abzielt, indem es sich verkleinert. Wahrscheinlich haben wir es mit einem Gesundschrumpfen zu tun, das letztlich dem großen Ganzen zugutekommt.

Die moderne überfamiliale Organisation der Gesellschaft mit ihrer hochgradig arbeitsteiligen Spezialisierung erfasst auch viele Aufgaben, die früher notwendig in der Familie wahrgenommen wurden. Die Versicherungssysteme, zum Beispiel für Vorsorge, Gesundheit oder Pflege, sind weitaus leistungsstärker, als es jede Familie sein kann. Das Erfolgsgeheimnis der reichen Länder ist gerade das eingespielte Zusammenwirken von Professionalität und Familialität.

Es gibt mindestens drei Gründe, warum die moderne Familie mit einem Minimum an Kindern auskommt:

erstens die Auslagerung und Effizienzsteigerung von Aufgaben, zweitens die Verringerung von Lebensrisiken und die Verlängerung des individuellen Lebens – Kinder sind nicht mehr »Altersvorsorge« wie in ärmeren Gesellschaften – und drittens die Konzentration der Liebe auf weniger Menschen, die eine länger werdende Lebensspanne miteinander teilen.

Das bedeutet: Die Generativität der Erwachsenen verliert nicht ihr Objekt, sie wird frei für andere Aufgaben. Die moderne Familie kann sich, befreit von Vorsorge und Sicherungsaufgaben, auf ihren emotionalen Leitwert konzentrieren – auf die Liebe. Liebe ist der Leitstrahl des Lebens in kleinen Gruppen, so wie die Umatzsteigerung die Orientierungsmarke für die Wirtschaft oder die Macht das wichtigste Prinzip für die Politik ist. Die Gruppenkohäsion wird durch Liebe begründet und erhalten, keineswegs mehr nur durch zweckrationale Überlegungen wie Kranken- und Altenpflege oder effizienteres Haushalten.

Zwar leistet auch die heutige Familie all das noch. Aber sie kann auch ohne Sex, ohne Kinder, ohne Pflege oder Arbeit weiter bestehen. Die Binnenliebe der Familie wird exklusiver und deshalb auch intensiver, wenn die Zahl ihrer Mitglieder sinkt: »Familie ist da, wo Liebe ist: als verlässliche, innige, ausschließliche und sozial anerkannte Bindung«, meint Hondrich. Und der Sozialhistoriker Edward Shorter sieht eine immer noch anhaltende »Erwärmung des emotionalen Binnenklimas« in den europäischen Familien, die vor etwa zweihundert Jahren eingesetzt habe.

Schrumpfende Familien sterben aus, das erscheint logisch. In einer neuen Sozio-Logik werden sie jedoch größer, indem sie neue Strukturen bilden. »Die Gesellschaft selbst weiß mehr als alle Autoritäten.« Der Verzicht auf eigene Fortpflanzung ist so gesehen auch ein soziologisch vernünftiger Akt des Verzichts (auch wenn er in der Regel als egoistisch gebrandmarkt wird). Und trotz steigender Scheidungsziffern und trotz des dramatisierten Geburtenrückgangs bleibt der Leitwert Familie in den Köpfen. Die Familie als Lebensform bleibt Ideal- und Wunschvorstellung, was allein schon die Tatsache beweist, dass selbst dritte und vierte Anläufe zur Familiengründung heute keine Seltenheit sind.

Die Verringerung der Zahl von Kernfamilien erzeugt einen neuen Trend: ihre horizontale Erweiterung durch Verwandtschaft, Wahlverwandtschaften und enge Freundschaftsbeziehungen. Neue familiäre Modelle und Lebensformen entstehen, deren Merkmal die generative »Verbundenheit auf Distanz« ist. Neben dieser horizontalen Erweiterung von Familien und familienähnlichen Strukturen entsteht eine neue vertikale Familienstruktur: Das Phänomen der »Bohnenstangenfamilien« bezeichnet Familienwachstum durch Lebenslänge: Zwar haben die Kinder heute weniger Geschwister denn je, aber sie kennen viel mehr ihrer Großeltern oder sogar Urgroßeltern. Und mehr als zuvor werden Cousinen und Cousins, Onkel und Tanten, Neffen und Nichten »zur Familie gemacht« und einbezogen.

Kinderlosigkeit –
das individuelle Schicksal

Trägt diese Vision einer schönen neuen Welt der kinderarmen, aber dafür umso liebevolleren Restfamilie? Der Fall der Geburtenrate mag durch gesellschaftliche Mechanismen der Selbststeuerung, durch eine List der Vernunft aufgefangen werden. Aber wie steht es um das persönliche Glück, das von der Erfüllung des Kinderwunsches erwartet wird? Der Kinderwunsch wird häufig aus Gründen der komplizierter gewordenen Lebensplanung zurückgestellt. Mitunter sind es sehr persönliche Erwägungen oder familiäre Prägungen, die den bewussten Verzicht auf eigene Kinder begründen. Und immer häufiger müssen zeugungswillige Paare erleben, dass ein Kind nur mit großem medizinischem Aufwand zu haben ist.

Die Babyboomer-Generation hat besonders häufig auf sehr persönliche Gründe – und das heißt auch: auf eigene Kindheitserfahrungen und familiäre Konflikte – zurückgegriffen, um ihre generative Verweigerung zu erläutern. Der Schriftsteller Peter Roos hat sogar eine Anthologie herausgegeben, in der Vertreter seiner Generation ihre Kinderlosigkeit erklären. Er selbst schrieb: »Auch deswegen möchte ich keine Kinder: Ich möchte schon gar nicht in Versuchung kommen, ihnen alle meine unbewältigten Vergangenheiten über den Kopf zu stülpen. Meine Entscheidung zur Kinderlosigkeit ist nicht frei gefällt. Die Hypothek der Erziehung drückt mich herunter...«

Und der Psychologe Gerhard Bliersbach begründet seinen Entschluss folgendermaßen: »Kinderlos bin ich geblieben, weil ich in den siebziger Jahren eine lebensfähige Identität suchte – ich brauchte, glaubte ich vor einigen Jahren, dazu meine ganze Kraft, und ich konnte mir nicht vorstellen, sie auf mehrere Personen zu verteilen. Erik H. Erikson hat als eines der erwachsenen Stadien die *Integrität* bezeichnet: das Annehmen des eigenen Lebensweges und das Sich-Abfinden mit den eigenen, begrenzten Möglichkeiten. Ich denke, dass ich auch diese Aufgabe lange Zeit vor mir hergeschoben habe – die Kinderlosigkeit vermittelt ja nicht nur die Fantasie einer großartigen Ungebundenheit, sie erspart auch die Auseinandersetzung mit den eigenen Größen-Ideen, die einem Kinder schnell abschleifen und ... zurechtstutzen. Ich kann für mich kein gutes Argument für Kinderlosigkeit entdecken; ich denke, sie hat immer mit den eigenen Defekten zu tun.«

Nichteltern bewahren sich länger als Eltern eine jugendliche Identität. Die geringere Belastung in den mittleren Erwachsenenjahren ermöglicht es ihnen, Karriere zu machen, sich gesünder, sportlicher zu erhalten, sich mehr umzutun, zu reisen etc. Sie wirken äußerlich jünger. Aber sie leben nicht mit ihren Kindern mit – sie durchleben die Kindheit nicht ein zweites Mal wie Eltern. Konfrontiert mit dem eigenen Altern, erkennen die Kinderlosen: Sie müssen sich Zuwendung und Pflege kaufen.

Die kinderlosen Alten sind also ganz auf die Kinder von anderen angewiesen. Sie wandeln in ihren letzten Lebensjahren oft auf dem schmalen Grat zwischen Vereinsamung und erkaufter Zuwendung. Dies ist der Preis für die Entlastung in ihren mittleren Jahren. Immerhin können sie sich damit trösten, dass auch die biologischen Eltern im Alter immer öfter enttäuscht werden – wenn sie ins Heim müssen, weil die Kinder keine Zeit und Energie mehr aufbringen, sie zu umsorgen. Der Unterschied im Glück von Alten mit und ohne Kinder verschwindet dann schnell.

Was bedeutet es, aus der Fülle der mittleren Jahre mit ihren Genüssen und Anspannungen herauszutreten und sich, älter werdend, ohne eigene Kinder wiederzufinden? Nicht von ungefähr gehören neue gemeinschaftliche Lebens- und Wohnformen im Alter zu den Lieblingsfantasien und -projekten der Babyboomer. In den neuen Arrangements sollen Zuwendung, Pflege und, wenn möglich, auch Kontakt zwischen den Generationen ermöglicht werden. Kinderlosigkeit und Kindermangel lassen sich durch neue Formen der Generativität ausgleichen: Der Umgang mit Jüngeren wird aufrechterhalten, wenn man sich entsprechend engagiert und vorsorgt. Die generativen Impulse können und müssen rechtzeitig »umgewidmet« werden.

*Nichtbiologische Generativität
in der Praxis*

»Lieber Frank,
ich bin ganz alein mit dem Flugzeug nach Frangfurt geflogen. Ich durfte sogar ins kokbit. Das wahr kul. Bis bald, Gruss Leon«

Der Empfänger dieses kindlichen Reiseberichts ist der Schauspieler und Autor Frank Sandmann. Sein generatives Modell ist die Rolle des Paten oder Aushilfsvaters für einen Zehnjährigen: »Nie hätte ich mir träumen lassen, dass ich jemals so eine SMS auf meinem Handy speichern würde. Aber: Diese SMS wiegt mehr als alles Gold dieser Welt. Sie ist von Leon. Leon ist zehn Jahre alt. Ich bin vierzig. Leon ist nicht mein Sohn, aber ich könnte sein Vater sein. Ich bin für ihn so etwas wie sein ›Vater light‹. Und genau das hatte ich mir gewünscht. Vor einiger Zeit ging mir plötzlich auf, dass ich als alleinstehender Mann ohne Kinder vielleicht doch auch mal etwas Sinnvolles tun könnte. Es gibt schließlich noch ein Leben nach der Arbeit. Dauernd darüber nachzudenken, wo ich wen kennenlernen könnte, ist nicht eben sinnstiftend. In der Zeit zwischen Online-Banking und eBay benutzte ich meinen Computer dafür, dieses Sinnvolle zu finden. Und da sprang mir das entscheidende Stichwort auf den Monitor: Ehrenamt. Ja, Ehrenamt. Warum nicht Ehrenamt?«

Frank Sandmann landete schließlich auf einer Website, die »Patenschaften für Kinder und Jugendliche« vermittelte. Die Organisation nannte sich Biffy – *Big friends for youngsters*, große Freunde für kleine Menschen. Es ist einer von inzwischen über zweihundert Vereinen in Deutschland, die Paten für Kinder vermitteln, vor allem aus sozial benachteiligten Familien oder von alleinerziehenden Müttern und Vätern. In vielen Regionen gibt es den »Großelterndienst« und Mentorenprogramme speziell für Migrantenkinder. »Job-Paten« betreuen und begleiten Schüler in den letzten Klassen bis in die Ausbildung.

Paten sind typische »Wahlverwandte«. Sie werden nach Sympathie und Neigung ausgesucht und sind feste, verlässliche Bezugs- und Vertrauenspersonen für ihre Schützlinge, »große Brüder oder Schwestern«, Freunde. Dieses Mentoring kann die leiblichen Eltern entlasten und den Kindern Sicherheit geben. Diese profitieren vor allem psychisch enorm: Sie haben im Paten oder in der Patin oft ein starkes Beziehungs- und Lebensmodell, eine Zuflucht in Krisenzeiten. Paten wirken »komplementär«, etwa bei Kindern Alleinerziehender.

Jenseits des Mentoring sind viele andere Formen der Generativität möglich, intensivere und weniger intensive. Uwe Hück hat als Lackierer bei Porsche angefangen, heute ist er Betriebsratsvorsitzender und stellvertretender Aufsichtsratschef der Porsche AG. In seinem letzten Bundestagswahlkampf hat Gerhard Schröder den beliebten Betriebsrat als seine »rhetorische Geheimwaffe« eingesetzt. Uwe Hück hat eine steile Karriere gemacht, und selbstbewusst parkt er seinen weißen Porsche 911 vor dem Betriebsratsbüro. Aber Hück hob nicht ab. Er ist als Waisenkind in Heimen aufgewachsen, und er hat nun, auf der Höhe seiner Laufbahn, den dringenden Wunsch, etwas zurückzugeben. Er adoptierte zwei seiner drei Kinder aus seinem ehemaligen Waisenhaus.

Außerdem trainiert Uwe Hück, ehemaliger Europameister im Thaiboxen, zweimal wöchentlich Jugendliche aus Problemvierteln in dieser Sportart. Im Kampfsport sieht er ein Mittel, Disziplin und Selbstachtung zugleich zu vermitteln. Menschen wie Hück entkommen durch ihr generatives Engagement nicht nur der Begrenztheit des eigenen Lebensentwurfes, sie zeigen auch anderen, dass generatives Handeln nicht auf die ganz großen politischen Lösungen und Erkenntnisse warten muss, sondern dass es *sofort* möglich ist und von persönlichen Werten und Überzeugungen abhängt.

Der tiefere Sinn
des langen Lebens

Altern ist mindestens ebenso sehr eine Sache der Psyche wie die des Körpers. Ohne diese Einsicht werden das »Durchhalten« und das Bestreben, fit zu bleiben, zu einem regressiven Widerstand, der eher aus der Angst vor dem Sterben als aus der Bejahung des Lebens entsteht. Es geht dann im Grunde nur um den manischen Versuch, die Zeit zurückzudrehen. Und dieser Versuch beschleunigt ironischerweise die Entwicklung, die wir abwehren wollen. Es ist eine sich selbst erfüllende Prophezeiung: Der verbissene Kampf gegen den körperlichen und geistigen Verfall beschwört das Bild von ihm geradezu herauf, und es fängt an, uns zu beherrschen: Hypochondrie, Angst und Depression sind die Begleiter derer, die um jeden Preis jung bleiben wollen.

Ein durchaus ambivalentes Interesse für Genealogie, Geschichte und Traditionen erwacht in den späten Lebensjahrzehnten. Memoiren oder Autobiografien sind der Versuch, Durchlebtes im eigenen Sinne zu deuten und als schlüssige Erzählung zu hinterlassen. Das kann zur Rechtfertigungs- und Abrechnungsliteratur geraten, etwa bei Politikern, aber auch zu privaten Projekten, mit sich schreibend ins Reine zu kommen und sich selbst Rechenschaft zu geben. Immer steht auch das Unsterblichkeitsmotiv Pate: Welche Spuren habe ich hinterlassen, und wie will ich gesehen werden?

Die Forschung zeigt, dass sich in den meisten Gesellschaften eine universale Tendenz bemerkbar macht: In den späten Lebensjahrzehnten übernehmen die Frauen das Kommando. Der Anthropologe David Guttman hat weltweit sechsundzwanzig Kulturen untersucht. In vierzehn wurden die Frauen dominant, in zwölf blieben die Machtverhältnisse gleich, und in keiner Kultur nahm die männliche Dominanz mit dem Alter zu. Guttman und andere Forscher beobachten, dass im Alter die sanftere, weichere, mildere Seite der Person, zumal der männlichen, zum Vorschein kommt. Dazu mag der Pensionierungsschock beitragen, den Männer besonders heftig erleiden, auch der Verlust von Machtrollen ebenso wie hormonelle Veränderungen. Die Männer rüsten im Alter ab, nolens volens.

Was aber ist die Aufgabe der Sechzig- bis Siebzigjährigen? Warum werden wir Menschen überhaupt so alt? Carl Gustav Jung schrieb: »Ein Mensch würde sicher nicht siebzig oder achtzig Jahre alt werden, wenn diese Langlebigkeit keinen Sinn für die Spezies hätte, zu der er gehört. Der Nachmittag des Lebens hat seinen eigenen Sinn, er ist nicht nur das Anhängsel des Lebensmorgens.«

Eine klassische Rolle des Alters, die hochgradig generativ ist, sieht George Vaillant im *Keeper of the Meaning*, dem Bewahrer des Sinns. Es ist die altersgemäße Fortsetzung der Generativität früherer Jahre: Das Leitthema des *keeper of the meaning* ist die Gerechtigkeit. Generativ ist es nun, den nachwachsenden Generationen vorzuleben, wie man aus der Rolle des leidenschaftlichen Anwalts in die Rolle des leidenschaftslosen Schlichters und überparteilichen Richters hineinwächst. Damit macht man sich nicht unbedingt Freunde, aber das können die »Alten« aushalten.

Im hohen Alter geht es um die Akzeptanz des eigenen Lebens. Erikson sah in der »Integrität« die letzte Lebensaufgabe: ein Akzeptieren des eigenen Lebensweges, die Aussöhnung mit der eigenen Biografie. Gleichzeitig muss der Kräfteschwund würdevoll gemeistert werden. Lebenskunst, meint der Philosoph Wolfgang Kersting, muss »stete Endlichkeitserinnerung sein, nicht zur Flucht in inhumane Konzeptwelten anleiten, sondern helfen, auf würdige und anmutige Weise mit Zufall, Schicksal und Endlichkeit fertig zu werden«.

Lohn der Generativität: Weisheit

Erik Erikson hat »Generativität« und »Integrität« als die beiden letzten großen Aufgaben des Erwachsenenalters gesehen. Wer sie meistert, kann sich als weise betrachten: Es geht um die Weitergabe der eigenen Erfahrungen und Fertigkeiten an die nachfolgenden Generationen, indem man Selbstabsorption und Stagnation überwindet und so der Verzweiflung des Alterns entkommt: »Weisheit ist die leidenschaftslose Beschäftigung mit dem Leben selbst, im Angesicht des Todes ... Sie bewahrt die Integrität der eigenen Erfahrungen und teilt sie, trotz des körperlichen

Alterns, des allmählichen Nachlassens der geistigen und körperlichen Funktionen.«

Auch in unserer Zeit scheint Weisheit universell ein hoher Wert zu sein – aber: Wer kann im Zeitalter der künstlichen Intelligenz, der Informationsflut und des Jugendlichkeitskultes noch als weise gelten? Stephen Hawking? Der Dalai Lama? Oder die »Fünf Weisen«, die der Bundesregierung jährlich ein Gutachten zur Wirtschaftsentwicklung vorlegen? Brauchen wir überhaupt noch Weisheit? Wenn ja, was verstehen wir darunter? Weisheit kommt von Wissen. Wissen ist zwar eine Conditio sine qua non, macht allein aber noch nicht weise. Wir verbinden damit eine Reihe anderer Eigenschaften, die – idealerweise – erst im Laufe des Erwachsenenlebens erworben werden: Lebensklugheit, Gelassenheit, Milde, Nachsicht, Humor, Selbstdistanz.

Weisheit besteht in der Dialektik von Wissen und Zweifel, und sie umschließt die lebenspraktisch gelungene Koordination von Denken, Fühlen und Wollen. Weisheit ist Wissen über die Grenzsituationen menschlichen Daseins, über schwierige Fragen der Lebensplanung, Lebensgestaltung und Lebensdeutung. Ersteres dürfte vor allem den weise Beratenen zugutekommen, denn der Planungsspielraum der Weisen ist meist schon begrenzt ...

Für den Weisen selbst ist die *Lebensdeutung* wichtiger als die Gestaltung: dem eigenen gelebten Leben einen Sinn abgewinnen, die eigene Biografie interpretieren und nötigenfalls so akzentuieren, dass man Frieden mit sich selbst schließen kann. Das ist die zentrale Aufgabe des letzten großen Lebensabschnitts im epigenetischen Stadienmodell der menschlichen Entwicklung: »Integrität vs. Verzweiflung« nennt Erikson die beiden möglichen Ausgänge dieser Aufgabe. Weisheit schließt die Fähigkeit zur passablen Lebensbewältigung ein, das heißt auch: zur Lebensdeutung und Lebensrekonstruktion *(life review)* im fortschreitenden Alter.

Könnte Weisheit eine Schlüsseleigenschaft in dem Sinne sein, dass sie generatives Verhalten stimuliert und begünstigt, indem sie als eine Geisteshaltung »vorverlegt« und auch schon im mittleren Alter oder noch früher »anwendbar« wird? Weisheit zeigt sich beispielsweise im Umgang mit Ambivalenz: Sie besteht darin, es aushalten zu können, dass sich die »Dinge des Lebens« nicht so eindeutig und zweckrational regeln lassen, wie es Idealvorstellungen und Wünschen entspricht. Weisheit sollte nicht verwechselt werden mit Wertrelativismus, aber sie ermöglicht es, mit Widersprüchen und Unsicherheiten zu leben.

Weise Menschen beschäftigen sich produktiv und positiv mit den Lebensrätseln und Grenzfragen der *conditio humana* – mit Fragen der Verletzlichkeit, Emotionalität, Sexualität, Sterblichkeit. Ihre besondere Klugheit wird wirksam in existenziellen Dilemmata. Es gibt keine objektiven Kriterien für »richtige« Antworten auf solche Lebensrätsel, aber in allen Kulturen und in allen Epochen herrscht große Übereinstimmung darüber, was als »weise« gelten kann. Das allgemeine Urteil über Weisheit überdauert, wie der Psychologe Mihaly Czsikszentmihalyi beobachtet hat, erstaunlicherweise jeden gesellschaftlichen Wandel. Weisheit ist wohl eine »Kerneigenschaft«

menschlichen Wesens, eine Tugend, die völlig unabhängig vom Zeitgeist ist und universale Wertschätzung genießt.

Auf dem Weg ins »dritte Alter«

Erik Erikson sieht die Aufgabe des Alters, die durch die systemsprengende Verlängerung der Lebensspanne in unserer Zeit auf uns zukommt, so: »Die historische Veränderung wie die Verlängerung des durchschnittlichen Lebensalters zwingt zu lebensfähigen Re-Ritualisierungen, die einen sinnvollen Austausch zwischen Anfang und Ende, ein Gefühl von Rückschau und Zusammenfassung und möglicherweise eine aktive Antizipation des Sterbens möglich machen sollten.«

Das Problem vieler älterer Menschen in der modernen Gesellschaft, die auf Beschleunigung und systematischer Enttraditionalisierung in vielen Lebensbereichen gründet, ist das anhaltende Gefühl von Isolation und Verkapselung: sich abgeschnitten fühlen vom Rest der Gesellschaft. Der »Ruhestand« ist, selbst wenn er durch Alterswohlstand abgefedert wird (zumindest bei einer ganz anderen »Generation Golf«), oft eine Zeit der Verbitterung.

James Vaupel, Leiter des Max-Planck-Instituts für demografische Forschung in Rostock, untersucht, wie stark und warum die Lebenserwartung zunimmt und wie sich die Gesellschaft darauf vorbereiten kann. Er meint: »Die klassische Dreiteilung des Lebens in Ausbildung, Leistung und Ruhestand muss verschwinden. Es muss normal werden, auch im Alter zu arbeiten und sich zu bilden. Eine passive, auf Erholung ausgerichtete Mehrheit im Ruhestand würde den Groll der Jungen auf sich ziehen, schon weil die wenigen Arbeitenden völlig überlastet wären. Deshalb ist es so wichtig, dass die Älteren auf allen Ebenen produktiv am gesellschaftlichen Leben teilnehmen. Das erfordert radikales Umdenken in der ganzen Gesellschaft.«

Jedes der drei von Vaupel genannten Alter hat seinen besonderen Fokus, seine besonderen Aufgaben und Chancen:

Das »erste Alter«, von der Geburt bis zum jungen Erwachsenen um fünfundzwanzig, umfasst das biologische Wachstum, das Überleben und Lernen. In den frühen Stadien der menschlichen Entwicklungsgeschichte lag die Lebenserwartung nicht wesentlich höher als fünfundzwanzig, und so waren sie auf diese grundlegenden Aufgaben zentriert.

Im »zweiten Alter«, zwischen fünfundzwanzig und sechzig, gilt das Hauptaugenmerk der Gründung von Familien, der Elternschaft und der Arbeit im Beruf. Diese Jahre sind erfüllt von dichter Geschäftigkeit, von sozialer und beruflicher Verantwortung, von der Anwendung des im ersten Alter Gelernten. Noch bis vor Kurzem entsprach das Ende dieser Phase der durchschnittlichen Lebenserwartung, weshalb auch die gesellschaftliche Konzentration den Werten und Zielen dieser Altersstufe galt.

Die Idee eines »dritten Alters«, »le troisième age«, hat Simone de Beauvoir zuerst formuliert. Es eröffnet eine neue Ära in der menschlichen Evolution. Aber worin könnte der Sinn und Zweck der hinzugewonnenen Jahre liegen? Die wichtigsten Lebensaufgaben sind erledigt, und der Leistungsdruck, das Kämpfen und Schaffen weichen einer eher nach innen gewendeten, kontemplativen Einstellung. Geistige Entwicklung, innere Konsolidierung, Erinnerungspflege und emotionale Reifung sind die nun hervortretenden Lebensthemen.

Der Glücksforscher Mihaly Czikszentmihalyi sieht das Heil der heutigen Erwachsenengeneration an der Schwelle zum Altwerden darin, dass sie auch im »dritten Alter« noch arbeitet: »Wir wollen guten Sex und Liebe nach sechzig haben, warum nicht auch gute Arbeit?« Aber es ist eine andere, eine entspanntere Arbeit: ohne den Ehrgeiz, die Anstrengung und die Verantwortung der mittleren Jahre. Die generative Arbeit als Mentor, Berater, Förderer, als Großeltern ist geduldig, selbstlos, fürsorglich. Diese Beziehungsarbeit der Älteren nannte Erikson *grand generativity*.

Wenn die Schachteln und Fläschchen den Medizinschrank überquellen lassen, wenn die Knochen wehtun, wenn man mitten am Tag für ein paar Minuten einschläft, dann geht der Nachmittag des Lebens zu Ende, der Abend dämmert. Der Tod ist näher gerückt, aber bevor er kommt, sterben wir schon viele kleine Tode. Viele »letzte Male«, viele endgültige Verzichte markieren nun den Weg. Das ist unausweichlich, aber es ist nicht alles.

Das »dritte Alter« muss jedoch nicht überhöht werden zu einem in die Länge gezogenen Erntedankfest. Der Sinn des langen Lebens besteht darin: Es ist die Zeit, etwas zurückzuzahlen für all das, was man an Lektionen, Erfahrungen und Ressourcen von der Gesellschaft erhalten hat.

In dieser Betrachtungsweise sind die Älteren nicht mehr nur bestaunte Sonderfälle, mitunter auch lästige Kostgänger oder Außenseiter, sondern lebendige Brücken zwischen dem Gestern, dem Heute und dem Morgen. Sie übernehmen eine wichtige evolutionäre Aufgabe, die keine andere Altersgruppe erfüllen kann. Der Gerontologe Charles Fahey von der Fordham University benutzt dieses Bild: »Die Menschen im dritten Alter sind der Leim, der die Gesellschaft zusammenhält, nicht ihre Asche.«

Für eine generative Ethik

Je mehr wir zu kulturellen Wesen geworden sind, desto geringer ist die Bedeutung der biologischen Generativität geworden. Die Aufzucht der Kinder kostete viel Zeit. Die Natur selbst sorgte für Unfruchtbarkeit – bei den Müttern, deren Ovulation sie unterdrückte, solange sie noch die Kleinkinder aufzogen und eine erneute Schwangerschaft die Erfüllung dieser so wichtigen Aufgabe gefährdet hätte. Inzwischen sind Menschen aufgrund ihrer wachsenden Lebenserwartung die weitaus größte Zeitspanne ihres Lebens unfruchtbar. Zwar werden die Jungen tendenziell früher geschlechtsreif, aber die »postreproduktive« Lebenszeit steigt immer weiter an. Am deutlichsten ist sie bei den Frauen, die mit fünfundvierzig bis fünfzig Jahren ihre Menopause erreichen – und dann im Durchschnitt noch dreißig Jahre leben (Schimpansen, unsere nächsten Verwandten im Tierreich, bleiben fast bis an ihr Lebensende fruchtbar).

Die langen postreproduktiven Lebensjahre sind auch schon früher typisch für den Menschen gewesen. Welche Bedeutung hat diese »Nachspielzeit«, dieser lange Epilog zu den fruchtbaren Jahren? Warum diese »Verschwendung«, wenn Reproduktion das eigentliche Thema der Natur und der Evolution ist? Zum einen müssen die Kinder sehr lange und aufwendig in ihr eigenes reproduktives Alter begleitet werden, also etwa fünfzehn Jahre bis zur Geschlechtsreife. Danach waren und sind Großmütter und Großväter als Unterstützer der Enkelgeneration von Bedeutung. Bei Lemuren und Makaken verteidigen die Großmütter die Jungtiere vor Angriffen rivalisierender Männchen, die die Brut der Rivalen töten würden, wenn sie nicht daran gehindert würden. Großmütter sind ein Überlebensvorteil.

Bei den Menschen ist es das hoch entwickelte Gehirn, das in hohem Maße intergenerationell wirksam wird: Wir können auch jenseits der fruchtbaren Jahre noch unendlich vieles weitergeben. Auch im Alter können wir noch lange lehren, erfinden, zeigen, anleiten, sorgen. Wir können uns um die Welt und um die Nachwelt kümmern, solange wir atmen. Ein Gedankenexperiment: Was ginge uns verloren, wenn Menschen ihre Kinder mit fünf Jahren bekämen und mit spätestens dreißig Jahren sterben würden? So betrachtet war selbst die Methode der Geburtenkontrolle möglicherweise ein unbewusster Tausch: mehr Zeit und Konzentration, also intensivere, bessere Elternschaft, für weniger Kinder. Qualität statt Quantität.

Generativität ist keine Universalantwort auf *alle* Probleme unserer Zeit. Aber sie hat viel mit unseren wirtschaftlichen, ökologischen, kulturellen und psychischen Krisen zu tun: der Erosion der Verantwortung, der heimlichen Nach-uns-die-Sintflut-Mentalität, der offenen und latenten Kinderfeindlichkeit, der Verwahrlosung der Jugend, dem schleichenden Bankrott unserer Sozialsysteme, dem ökologischen Raubbau, der kulturellen Amnesie.

Wir leben prekär, auf einem Planeten, der gefährdet ist durch kosmische oder durch selbst verschuldete Katastrophen. Und wir sind mitten in einer Evolutionsgeschichte, deren Anfang wir immer noch nicht kennen und über deren Ende wir nur spekulieren können. Woher wir kommen und wohin wir gehen, bleibt weiter unklar, auch nachdem wir die Atome gespalten und die Gene entschlüsselt haben und uns anschicken, in die eigene Evolution einzugreifen. Aber wir können dafür sorgen, dass diese Geschichte noch eine Weile weitergeht – und dass sie gut weitergeht.

Das epigenetische Modell Eriksons entwirft ein Idealbild vom Lebensweg des bürgerlichen Individuums. Sind seine normativen Vorstellungen der menschlichen Entwicklung, zumal von Reife und Erwachsensein, überhaupt noch zeitgemäß? Werden seine eher vagen Humanitätsappelle und seine in eine quasi religiöse Sprache gekleideten Entwicklungsziele der Komplexität der heutigen Lebensverhältnisse noch gerecht? Und stimmt diese Stufenlehre der Ich-Entwicklung noch mit jenen »postkonventionellen Identitäten« überein, die Jürgen Habermas beschreibt? Deren Merkmal ist das allmähliche Zerbröseln aller Traditionen und Bindungen, die bis vor einigen Jahrzehnten noch Identität stiften konnten. Und was das mitunter blauäugig wirkende eriksonsche Vertrauen auf sich ausbreitende generative Haltungen und Weltverbesserung betreibende Erwachsene betrifft, so dämpfte schon Sigmund Freud in einem Brief an Romain Rolland solche Hoffnungen: »Die Vision allgemeiner Menschlichkeit ist die köstlichste aller Illusionen.«

Aber möglicherweise bietet die Globalisierung eine neue Chance, die »eine Welt« zu schaffen, von der in den neuen Bewegungen wie der Tiefenökologie oder der Biophilie die Rede ist: ein allmählich entstehendes Bewusstsein für Herkunft, Zukunft und Gemeinsamkeit im Weltmaßstab. Es scheint, als wirke die Sehnsucht nach Vertrauen, Intimität und generativer Verantwortung ungebrochen weiter – sie wird sogar immer deutlicher erkennbar. Jede Kultur hat ihren eigenen Schöpfungsmythos, in dem sie ihre Geschichte als erhabene Erzählung darstellt. Die Lebenswissenschaften erzählen uns heute einen Supermythos, der die gesamte Menschheit einschließt: die unglaubliche, unwahrscheinliche Geschichte des Homo sapiens, jenes Wesens, das sich aus primitivsten Anfängen zu der hyperkomplexen und selbstreflexiven Spezies entwickelt hat, die wir heute sind.

Dieses Epos der Evolution sagt uns, dass wir, wie alle Organismen, von denselben Vorfahren abstammen. Auf diese »Geschichte der genetischen Einheit«, wie sie der Biologe Edward O. Wilson nennt, sind wir im Zeitalter der Globalisierung nicht nur emotional angewiesen, sie begründet auch das Bewusstsein einer tief verankerten Gemeinsamkeit. Der wissenschaftlich fundierte Schöpfungsmythos begründet eine neue Ethik im Umgang der

Menschheit untereinander und mit der Natur. Und er zeigt uns, dass Generativität, die Fürsorge für den Weiterbestand von Natur und Kultur, eine Investition in die Unsterblichkeit des Lebens ist.

Literatur

Theodor W. Adorno und Max Horkheimer: Dialektik der Aufklärung. Philosophische Fragmente. Fischer Wissenschaft, Frankfurt a. M. 2006

AFP/dpa: Deutsche wollen mit 59 in Rente. In: Süddeutsche Zeitung, 7. Februar 2007

James Atlas: The Sandwich Generation. What Happens if You Become Your Parents' Parent? In: The New Yorker, 15. August 1994, S. 54-60

David Bakan: The Duality of Human Existence. Rand McNally, Chicago 1966

Zygmunt Bauman: Tod, Unsterblichkeit und andere Lebensstrategien. Fischer TB ZeitSchriften, Frankfurt a. M. 1994

Ernest Becker: The Denial of Death. Free Press, New York 1973

Nikolaus Bernau: Lobby fürs Erbe. In: Die Zeit, 11. Januar 2007

Ludwig von Bertalanffy: Das biologische Weltbild. Die Stellung des Lebens in der Natur. Böhlau, Wien 1990

Hans Blumenberg: Lebenszeit und Weltzeit. Suhrkamp, Frankfurt a. M. 1985

Gilbert Brim: Ambition. How We Manage Success and Failure throughout Our Lives. Basic Books, New York 1992

Klaus Brinkbäumer und Ullrich Fichtner: Die Weltsanierer. In: Der Spiegel, Nr. 30/2007

Heinz Bude: Das Altern einer Generation. Die Jahrgänge 1938-1948. Suhrkamp, Frankfurt a. M. 1995

Rudolf Burger: Nihilistische Ethik? In: Merkur, Nr. 2/2007

Daniel Burston: Erik Erikson and the American Psyche. Ego, Ethics and Evolution. Jason Aronson, Plymouth UK 2007

Benedict Carey: The Fame Motive. In: The New York Times, 8. Dezember 2006

Ders.: How People Tell their Life Stories Reflects their Personal Outlook. In: The New York Times, 11. Juni 2007

Rebecca Casati, Matthias Matussek, Philipp Oehmke, Moritz von Uslar: Alles im Wunderland. Über die Internet-Plattform »Second Life«. In: Der Spiegel, Nr. 8/2007

Roger Cohen: Twixt 8 and 12, the Tween. In: The New York Times, 12. Juli 2007

Peter Conzen: Erik H. Erikson. Leben und Werk. Kohlhammer, Stuttgart 1996

Ders.: Fürsorge für die alten Eltern – eine Kernaufgabe des Erwachsenenalters. Zu Eriksons Konzept der Generativität. In: Die späte Familie. Intergenerationsbeziehungen im hohen Lebensalter. Hg. von Annemarie Bauer und Katharina Gröning. Edition psychosozial, Gießen 2007

Sarah Davidson: Leap! What Will We Do with the Rest of Our Lives? Random House, New York 2007

Werner Deutsch: Nachruf auf Professor Heiner Erke. In: Psychologische Rundschau, Nr. 2/2007, S. 207f.

Alfred Döblin: Berge Meere und Giganten. DTV, München 2006

Claudia Dreifus: Finding Clues to Aging in the Fraying Tips of Chromosomes. Interview mit Elizabeth Blackburn. In: The New York Times, 3. Juli 2007

Terry Eagleton: The Meaning of Life. Oxford University Press, London 2007

Mark Edmundson: The Death of Sigmund Freud: The Legacy of His Last Days. Bloomsbury, New York 2007

Joseph Epstein: The Perpetual Adolescent and the Triumph of the Youth Culture. In: The Weekly Standard, 15. März 2004

Erik H. Erikson: Der vollständige Lebenszyklus, Suhrkamp TB Wissenschaft, Frankfurt a. M. 1988

Ders.: Identität und Lebenszyklus. Suhrkamp TB Wissenschaft, Frankfurt a. M. 1973

Ders.: Kindheit und Gesellschaft. Klett-Cotta, Stuttgart 1982

Heiko Ernst: Der lange Nachmittag des Lebens. In: Psychologie Heute, Nr. 8/1992, S. 20-27

Sigmund Freud: Das Unbehagen in der Kultur. S. Fischer, Studienausgabe, Frankfurt a. M. 1975

Ders.: Das Ich und das Es. S. Fischer, Studienausgabe, Frankfurt a. M. 1975

Thomas Fuchs: Leiden an der Sterblichkeit. Formen neurotischer Todesverleugnung. Vortrag auf der Jahresversammlung der Deutschen Gesellschaft für anthropologische und daseinsanalytische Medizin, Psychologie und Psychotherapie am 16. Dezember 2001

Kenneth J. Gergen: Realities and Relationships. Soundings in Social Construction. Harvard University Press, Boston 1997

Gabriele Gloger-Tippelt und Volker Hofmann: Das Adult Attachment Interview. In: Kindheit und Erziehung, Nr. 3/1997, S. 161-172

Al Gore: In zehn Jahren ist alles zu spät. In: Süddeutsche Zeitung, 6. Juli 2007

Günter Grass: Kopfgeburten oder Die Deutschen sterben aus. DTV, München 1999

Ludwig Greven: Hüter des Morgen. Über Jakob von Uexkuell. In: Die Zeit, 10. Mai 2007

Robert Pogue Harrison: Wie alt sind wir? In: Merkur, Nr. 9/10/2001

Ders.: Die Herrschaft des Todes. Hanser, München 2006

Frank Heidmann: Ein früherer Thai-Boxer, der für Arbeitnehmer-Interessen kämpft. In: Mannheimer Morgen, 10. August 2007

James Hillman: Vom Sinn des langen Lebens. Wir werden, was wir sind. Kösel, München 2000

Hubert Hofmann und Arne Stiksrud (Hg.): Dem Leben Gestalt geben. Erik H. Erikson aus interdisziplinärer Sicht. Krammer Verlag, Wien 2004

Karl Otto Hondrich: Weniger sind mehr. Warum der Geburtenrückgang ein Glücksfall für unsere Gesellschaft ist. Campus, Frankfurt a. M. 2007

Ders.: Eine Minderheit namens »Jugend«. In: Psychologie Heute, Nr. 11/1999, S. 38-43

Frederic Hudson: The Adult Years. Mastering the Art of Self-Renewal. Jossey-Bass, San Francisco 1991

Ronald Inglehart: Modernisierung und Postmodernisierung: Kultureller, wirtschaftlicher und politischer Wandel in 43 Gesellschaften. Campus, Frankfurt a. M. 1998

Carl Gustav Jung: Die Beziehungen zwischen dem Ich und dem Unbewussten. DTV, München 2001

Hanno Kabel: »Es geht im Sport nicht nur um Rekorde«. Interview mit Hans Lenk. In: LN-Online, 25. September 2005

Christoph Kappes: Ewig sei, wer Gutes tut. In: Süddeutsche Zeitung, 20. April 2007

Wolfgang Kersting und Claus Langbehn: Kritik der Lebenskunst. Suhrkamp TB Wissenschaft, Frankfurt a. M. 2007

Christian Klar: Grußwort zur Rosa-Luxemburg-Konferenz am 13. 1. 2007. In: Junge Welt, 15. Januar 2007

John Kotre: Make It Count. How to Generate a Legacy that Gives Meaning to Your Life. Free Press, New York 1999

Ders.: Outliving the Self. How We Live on in Future Generations. W. W. Norton, New York 1996

Margie E. Lachman: Development in Midlife. In: Annual Review of Psychology, 2004, S. 305-331

Margie E. Lachman und Jacquelyn Boone James: Charting the Course of Midlife Development: An Overview. In: Multiple Paths of Midlife Development. Hg. von Margie E. Lachman und Jacquelyn B. James. Chicago/London 1997

Felicia R. Lee: How Will the Boomers Define Life After 60? In: International Herald Tribune, 29. März 2007

Karina Lübke: Die Kinder-Kriegerinnen. In: Süddeutsche Zeitung Magazin, 3. August 2007, S. 20-25

Niklas Luhmann: Legitimation durch Verfahren. Suhrkamp, Frankfurt a. M. 2001

Ludger Lütkehaus: Nichts. Abschied vom Sein, Ende der Angst. Zweitausendeins, Frankfurt a. M. 2003

Karl Ulrich Mayer und Paul Baltes (Hg.): Die Berliner Altersstudie. Akademie Verlag, Berlin 1996

Dan P. McAdams und Ed de St. Aubin (Hg.): Generativity and Adult Development. American Psychological Association, Washington D. C. 1998

Dan P. McAdams: The Redemptive Self. Stories Americans Live by. Oxford University Press, Oxford 2006

Moses Mendelssohn: Phaedon oder Über die Unsterblichkeit der Seele. Felix Meiner Verlag, Hamburg 1979

Judith Miller: Baby Boomers Want Less Pain and More Grace before that Good Night. In: The New York Times, 22. November 1997

Reinhard Mohr: Hölle im Reihenhaus. In: Spiegel Spezial: Familie im Wandel, Nr. 4/2007

Hans Moravec: Mind Children. Der Wettlauf zwischen menschlicher und künstlicher Intelligenz. Hoffmann und Campe, Hamburg 1990

Burkhard Müller: Wenn alles nur in der Familie bleibt. Das Kinderbuch für ein nachkindliches Zeitalter. In: Süddeutsche Zeitung, 23. Juni 2007

Herfried Münkler: Vorsicht vor den Zuckerbäckern. In: Die Zeit, 11. Oktober 2007

Stefan Nährlich: Bürgerstiftungen in Deutschland 2007. Zwischen Innovation und Herausforderung. In: Länderspiegel Bürgerstiftungen, Fakten und Trends 2007

Ursula Nuber: Die schwierige Kunst, ein Erwachsener zu sein. In: Psychologie Heute, Nr. 4/2001, S. 20-27

Dies.: Was ist nur los mit mir? Die stille Revolution in der Lebensmitte. In: Psychologie Heute, Nr. 4/2002, S. 20-25

Platon: Sämtliche Dialoge, Band 3: Gastmahl. Felix Meiner Verlag, Hamburg 1993

John Polkinghorne: Belief in God in an Age of Science. Yale University Press, New Haven 1998

Robert D. Putnam: Bowling Alone. The Collapse and Revival of American Community. Simon & Schuster, New York 2000

Jonathan Rauch: »This Is not Charity«. In: The Atlantic, Oktober 2007, S. 64-76.

Rüdiger Sachau: Weiterleben nach dem Tod? Gütersloher Verlagshaus, Gütersloh 2007

Frank Sandmann: Vater light. In: Die Tageszeitung, 3./4. März 2007

Jeff Schimel, Joseph Hayes, Todd Wilson und Jesse Jahrig: Is Death

Really the Worm at the Core? Converging Evidence that Worldview Threat Increases Death-Thought Accessibility. In: Journal of Personal and Social Psychology, 2007, vol. 92, Nr. 5, S. 789-803

Christian Schneider: Verstehen und Verzeihen, Schweigen und Protest. Über einige aktuelle Schwierigkeiten beim Umgang mit dem Erbe des Nationalsozialismus. In: Werkblatt, Zeitschrift für Psychoanalyse und Gesellschaftskritik, Heft 39/2001

Jürgen Schreiber im Gespräch mit Lorenz Jäger: Wer ist Joschka Fischer, Herr Schreiber? In: Frankfurter Allgemeine Zeitung, 25. August 2007

Christian Schwägerl: Wenn Kinderlose von Kindern träumen. In: Frankfurter Allgemeine Zeitung, 12. Januar 2005

Georg Seeßlen: Vom Ende des Regenbogens. Sechs Vorschläge zur Dramatisierung der Konflikte im Hause Suhrkamp. In: Konkret, Nr. 2/2007

Lucia Jay von Seldeneck: Mutter, Pate, Kind. In: Die Tageszeitung, 24. Oktober 2007

Ed de St. Aubin, Dan P. McAdams und Tae-Chang Kim: The Generative Society. Caring for Future Generations. American Psychological Association, Washington D. C. 2004

George E. Vaillant: Adaptation to Life. Harvard University Press, Boston 1977

Ders.: Aging Well. Little, Brown and Company, Boston 2002

James Vaupel: Wir müssen unsere Lebensläufe völlig neu denken. In: Frankfurter Allgemeine Zeitung, 16. Januar 2007

Franz Walter: Puzzleprinzip Lebenssinn: Tausche Weltanschauung gegen Lottogewinn. In: Spiegel online, 29. März 2007

Sigrid Weigel: Generationen strukturieren heute nicht mehr die Gesellschaft. Gespräch mit Ulfried Geuter. In: Psychologie Heute, Nr. 6/2006, S. 36-39

Rolf Zundel: Süße Droge Macht. Vom Leiden der Politiker, Amt und Würden hinter sich zu lassen. In: Die Zeit, 18. Januar 2007 (Nachdruck eines Essays von 1989)